| 추천사

박혜근 박사

전(前) 칼빈대학교 조직신학 교수

성경의 진리는 불변하나 각 세대에 필요한 메시지는 그 시대의 정신문화와 상황에 공명하는 것이어야 합니다. 그런 점에서 『즉시 신앙』은 신자들에게 고개를 끄덕이게 하는 깊은 공감을 불러일으킵니다.

저자가 한 명의 목회자이자 신앙인으로서 우리 시대 교회 안에서 몸으로 부딪히며 겪은 일과 그것을 통해 얻은 신앙적 영감을 성경의 가르침과 접목해 쉽게 풀어내려고 시도했기에 호소력이 있습니다.

이종필 목사
세상의빛교회 담임

　우리는 현재 코로나19 팬데믹이 어서 끝나기를 기다리고 있습니다. 습관적으로 '코로나만 끝나면'이라는 가정하에 미래 계획을 이야기합니다. 하지만 우리는 경험적으로 알고 있습니다. 우리가 지금 말하는 미래 계획은 코로나가 끝나도 잘 이뤄지지 않을 것이라는 사실을 말입니다.
　우리는 자주 꼭 해야 하는 중요한 일을 오지 않을 미래로 미루는 잘못을 범합니다. '원하는 대학에 들어가면', '돈 많이 벌어 집을 사면', '내가 원하는 성취를 하고 나면' 등 나름의 조건을 우선하고 신앙의 실천은 뒤로 미뤄 놓는 순간 우리는 스스로 천국을 누리지 못하고 실존의 지옥으로 빠져듭니다. 그리고 후회합니다.
　『즉시 신앙』의 저자는 우리를 이런 실존의 지옥으로부터 탈출시켜 주는 인도자입니다. 여기서 지금 실행해야 하는 '즉시 신앙'을 권하며, 왜 즉시 신앙이어야 하는지, 무엇을 즉시 신앙해야 하는지 친절히 설명해 줍니다. 그리고 재미있고, 힘 있고, 다르게 '즉시 신앙' 하라고 다독여 줍니다.
　이 책을 읽으며 수많은 저자와 자료를 접하고, 신앙과 연결하는 저자의 통찰력을 맛보며 세상을 읽고 하나님 나라로 가는 첩경을 발견하게 될 것입니다. 이 책은 쉽게 오를 수 있는 뒷산입니다. 큰마음이나 장비를 갖추지 않고도 매일 쉽게 오를 수 있는 낮고 친절한 봉우리입니다. '즉시 신앙'이라는 이 제목과 설득력 있는 내용이 오래도록 마음에 기억될 것 같습니다. 저자에게 감사하고, 많은 사람이 꼭 저자의 땀의 결실을 누리길 소망합니다.

박 재 덕 목사
천산중앙교회 담임

　조광운 목사는 신실한 동역자입니다. 그의 메시지는 진솔하고 깊은 묵상에서 우러나왔기에 성도들에게 큰 울림이 있습니다.
　코로나19 팬데믹으로 한국 교회의 민낯을 보았습니다. 늘 익숙하고 당연한 예배를 드릴 때는 당연히 믿음이 있다고 생각했는데, 막상 위기를 만나니 쉽게 무너지는 우리의 민낯을 보게 됩니다. 이런 시기에 '즉시 신앙'은 우리에게 많은 도전을 줍니다.
　신약학자 도드C. H. Dodd는 실현된 종말론을 주장했습니다. 그는 죽어서 가는 천국이 아닌 예수님의 오심으로 시작된 하나님 나라를 말했습니다. 하나님 말씀에 즉시 순종하고 그분의 주권을 인정하며 즉시 신앙으로 살아갈 때 우리는 이 땅에서 하나님 나라를 누리고 복을 받습니다.
　예수님은 믿는데 '즉시 신앙'이 아닌, 나중에 여유가 생기면 훈련받고, 남으면 드리고, 결단하겠다는 신앙은 코로나19 팬데믹 앞에 무참하게 무너졌습니다. 이런 위기의 순간에 『즉시 신앙』은 다시 일어설 수 있는 용기를 주며 나침반처럼 우리가 나아갈 분명한 길을 안내합니다.

즉시 신앙
마가가 호소하는 복음

Now Faith
Written by KwangWoon Cho
All rights reserved.
Korean Edition Copyright ⓒ 2021 by Christian Literature Center, Seoul, Korea

즉시 신앙: 마가가 호소하는 복음

2021년 3월 30일 초판 발행

지 은 이 | 조광운

편　　집 | 전희정
디 자 인 | 김현진
펴 낸 곳 | (사)기독교문서선교회
등　　록 | 제16-25호(1980.1.18.)
주　　소 | 서울특별시 서초구 방배로 68
전　　화 | 02-586-8761~3(본사) 031-942-8761(영업부)
팩　　스 | 02-523-0131(본사) 031-942-8763(영업부)
이 메 일 | clckor@gmail.com
홈페이지 | www.clcbook.com
송금계좌 | 기업은행 073-000308-04-020 (사)기독교문서선교회
일련번호 | 2021-27

ISBN 978-89-341-2255-5 (03230)

이 책의 저작권은 저자와 (사)기독교문서선교회가 소유합니다. 신저작권법에 의하여 한국 내에서 보호받는 저작물이므로 무단 전재와 무단 복제를 금합니다.

즉시 신앙

마가가 호소하는 복음

조광운 지음

팬데믹 시대의 탈출구는 **즉시**다

CLC

| 차례

추천사   1
  박 혜 근 박사 | 전(前) 칼빈대학교 조직신학 교수
  이 종 필 목사 | 세상의빛교회 담임
  박 재 덕 목사 | 천산중앙교회 담임

프롤로그   10

Part 1 | Why? 왜 '즉시 신앙'인가?   16
  제1장 티핑 포인트, 그리고 시그널   17
  제2장 제자는 '즉시'를 달고 산다   29
  제3장 현실에만 탈출구가 있다   37

Part 2 | What? 무엇을 '즉시 신앙'해야 하는가?   45
 자아   46
  제1장 소음(Noise)이 아닌 소리(Sound)   47
  제2장 깨지면 프라이, 깨뜨리면 병아리   55
  제3장 질 좋은 사람   63

 공동체   73
  제4장 혐오에 분노하라: 수용공동체   74
  제5장 당신이 이겨야 한다: 공생 공동체   83
  제6장 당신이 옳다: 공감 공동체   91

편견 98
제7장 광야가 좋다 99
제8장 그들의 천국에 난 가기 싫다 108
제9장 교회는 산통 중이다 118

일상 127
제10장 피로사회를 사는 그대에게 128
제11장 어디를 바라볼지 모르는 그대에게 136
제12장 실패를 강요당한 그대에게 143

Part 3 | How? 어떻게 '즉시 신앙'할 것인가? 151
제1장 재밌게 152
제2장 힘 있게 163
제3장 다르게 171

프롤로그

몇 년 전의 일입니다. 이른 아침의 정적을 깨고 전화벨이 울렸습니다. 전화가 오는 시간대가 아니라 사역자들은 이런 전화에 불안을 느끼곤 합니다. 아니나 다를까 ….

"목사님 큰일 났어요. 옆 동에 사는 OOO 집사님이 새벽에 아파트에서 뛰어내려 돌아가셨어요."

권사님은 떨리는 목소리를 숨기지 못한 채 애써 침착해 보이려는 어조로 말씀하셨습니다.

순간 머리가 하얘졌습니다. 그럴 리 없다며 확인해 보고 연락드리겠다고 말씀 드린 후 전화를 끊었습니다. 바로 그 집사님께 전화를 드렸으나 전화는 연결되지 않았습니다. 가족들 역시 전화를 받지 않았습니다. 집사님 댁 주변에 있는 장례식장 몇 군데에 전화를 해 본 결과 그 중 한 곳에서 집사님의 장례가 이미 시작되었음을 듣게 되었습니다.

이 일이 벌어지기 며칠 전, 그 집사님과 통화했습니다. 주일 예배에 안 나오셔서 댁으로 심방을 가겠다고 했더니 집사님은 웃으시며 말씀하셨습니다.

"목사님 찾아오시면 저 진짜 교회 끊을 거예요. 걱정하지 마세요. 이번 주에는 제가 꼭 나갈 테니 나가면 뵈어요."

워낙 집에 사람을 들이는 데 예민하신 분이라고 알고 있었기에 한 주만 더 지켜보자는 마음으로 통화를 끝냈습니다. 그런데 그 통화가 그 집사님과의 마지막 통화가 될 줄은 상상도 하지 못했습니다. 집사님이 이런 결정을 하신 것은 앓고 있던 우울증 때문이었습니다.

그 후 얼마 동안은 악몽 같은 시간을 보냈습니다.

'내가 **즉시** 찾아가 손이라도 잡아 드렸으면 그런 극단적인 선택을 안 하시지 않았을까?'

망상 같은 죄책감은 제 마음을 있는 대로 짓눌렀습니다. 한 성도의 자살로 교회는 매우 혼란스러워졌습니다. 다들 말을 아끼며 쉬쉬하는 분위기였지만 제게는 그 소리가 확성기처럼 크게 들렸습니다. 몸도 아팠고 마음은 더 아팠습니다.

이 사건을 통해 저는 온몸으로 배웠습니다. '즉시' 해야 한다는 것을요. 유보했던 행동 하나가 파괴적 결과를 불러일으킬 수 있다는 것을 말입니다. 그날부터 제 행동은 급격히 변했습니다. 저는 그동안 피곤하다, 바쁘다라는 이유로 꽤 많은 일을 유보하며 살았습니다. 그러나 이 사건은 제 인생을 바꿨습니다.

즉시 해야 합니다!

다음도 나중도 없습니다. 이 사건은 제게 칼에 베인 듯이 아픈 흔적이 되어 저를 즉시 움직이는 사람으로 만들어 주었습니다.

몇 년의 시간이 흐르면서 저는 조금씩 치유되고 사역도 다시 활력을 찾아가는 것 같았습니다. 다시 삶에 익숙해질 무렵 저를 다시 한번 정신이 번쩍 들게 하는 또 하나의 사건이 제 인생에 찾아왔습니다. 바로 코로나19 바이러스였습니다.

전에는 이런 극단적인 사건을 통해 '즉시'의 교훈을 몸으로 배웠다면, 코로나19는 평범한 일상에 강한 자극으로 다가왔습니다.

코로나19 팬데믹으로 급기야 모든 대면 예배가 금지되고 온라인 예배로 전환되었습니다. 교육부서도 마찬가지여서 제 자녀들은 영상으로 주일학교를 대신해야 했습니다. 아내가 온라인으로 예배하는 모습을 옆에서 지켜보던 첫째 아이가 예배가 끝난 후 엄마에게 물었습니다.

"엄마, 나 지옥 가?"

"아니, 예수님 안 믿는 사람이 지옥 가는 거야."

"그럼 나는 지옥 가겠네. 나는 예수님 어떻게 믿는 건지 몰라."

"음 …, 예수님을 어떻게 믿냐면 …, 하나님이 나를 만드셨다는 것을 아는 거야. 하나님이 우리를 만드셔서 우리가 이렇게 움직이면서 살아 있는 거야."

엄마는 유치부 아이에게 예수님을 믿는 믿음을 설명하는 것이 어려워 창조 이야기로 믿음의 시작을 설명해 주었던 겁니다.

"아! 그래서 내가 찰흙으로 사람을 만들어도 개가 사람이 안 된 거구나!"

아이의 싱거운 적용으로 이 대화는 마무리되었지만 이날부터 제 아내는 상황을 꽤나 심각하고 진지하게 받아들였습니다.

'아! 교회로 다시 복귀할 때까지 기다릴 여유가 없겠구나!'

아내는 이날부터 아이들의 신앙 교육을 '즉시' 해야겠다고 마음먹게 되었습니다. 아내는 그날 밤 주일학교의 현장 예배 재개 소식만 기다릴 게 아니라, 가정집을 홈처치 Home Church로 만들어 즉시 신앙을 교육해야겠다고 결심했습니다.

성경에서 멸망의 징조로 예고한 전염병의 창궐이 우리 눈앞에 현실로 다가왔습니다. 먼 미래의 이야기로만 치부되어 관념 속에 머물렀던 일들이 이제 현실이 되어 우리 눈앞에서 일어나고 있는 겁니다. 당장 예수님이 오신다고 해도 놀랄 일이 못 될 만큼 말세의 징조가 더욱 뚜렷해지는 현실을 살아가고 있습니다. 세상은 예수님의 재림을 말하지는 않지만 지구의 수명과 종말을 이야기합니다. 이 팬데믹 현상은 어쩌면 우리가 재림의 골든타임 속에 진입했음을 알리는 경보일지도 모릅니다.

유명 강연자인 김미경 씨는 그의 저서 『김미경의 리부트』(웅진지식하우스, 2020)에서 '즉시 교육'이라는 대안을 제시했습니다. 코로나로 세상이 급변하고 있는데 대학에서 4년 교육을 받고 나오면 그 교육은 써먹을 수 없는 것이 된다는 겁니다. 뒤바뀐 세상에서는 즉시 배우고 즉시 써먹는 '즉시 교육'이 대안이 될 것이라고 전망했습니다.

세상은 이렇게 뒤바뀐 환경에서 변화를 촉구하며 '즉시'를 외칩니다. 그에 비해 신앙에서는 변혁에 대한 관심을 기울이지 않는 것이 사실입니다. 비대면 예배로 성도들의 신앙은 오히려 중심을 잃어 가고, 교회가 지탄받는 분위기에서 교회를 멀리하거나 떠나는 성도들도 나타나고 있습니다. 코로나로 가장 큰 직격탄을 맞은 곳이 교회입니다.

교회는 그 어느 때보다 더 큰 변화를 요구받고 있습니다. 그러므로 다양한 삶의 문제 중 신앙 문제는 그 어느 것보다 더 시급하게 변혁이 필요합니다.

세상이 먹고사는 생존 문제로 이렇게 빠른 대처를 할 정도라면, 생명과 구원의 문제가 걸린 신앙은 어찌해야 할까요?

답은 자명합니다. 즉시 신앙해야 합니다. 그대의 자녀들에게 즉시 신앙을 교육해야 하고, 그대 역시도 즉시 신앙으로 살아가야 합니다. 골든타임의 경보는 이미 울리기 시작했기 때문입니다.

성경이 말하는 역사관은 창조로 시작한 역사가 예수 그리스도의 재림으로 끝난다는 관점입니다. 그래서 성경에서는 '알파와 오메가',

'처음과 나중', '시작과 끝'을 강조합니다. 성 어거스틴 St. Augustine은 이런 관점을 '직선사관'이라고 칭했습니다. 시간이 회귀되거나 순환되지 않고 끝을 향해 직선처럼 진행되기 때문에 이렇게 부른 겁니다.

기독교적 인생관은 일생一生이라고 정의할 수 있습니다. 딱, 한 번뿐인 거지요. 만약에 인생을 두 번 이상 살 수 있다면 '즉시' 따위는 필요 없습니다. 몇 번 더 살 수 있으니 '오늘'은 그리 큰 가치가 없는 것이지요. 대강 살아도 되고, 다음으로 유보해도 됩니다. 다음에 잘하면 되기 때문입니다.

그러나 그대의 인생은 딱 한 번뿐인 일생입니다. 그러니 그대는 즉시 참 가치를 향해 뛰어야 합니다. 즉시 신앙해야 합니다. 지금도 그대의 시간은 지체 없이 끝을 향해 달려가고 있기 때문입니다.

현재는 항상 과거와 맞닿아 있습니다. 그래서 현재를 굳이 정의하자면 '순간'만이 현재입니다. 순간이 지나면 즉시 과거가 됩니다. 그러니 후회할 과거를 만들지 않도록 즉시 신앙해야 합니다. 현재를 신앙으로 살지 못할 때, 우리는 과거를 후회하고 현재를 놓쳐 버리는 신앙의 빈털터리가 됩니다. 현재를 놓쳐 버린 삶은 하나님이 주신 선물을 상실한 인생이 됩니다. 현재를 가리키는 단어 "present"는 '선물'이라는 의미도 지니지요.

우물쭈물하다가 내 이럴 줄 알았지!

영국 극작가 조지 버나드 쇼 George Bernard Shaw가 자신의 묘비명에 새긴 문구로 유명해진 글입니다. 이 말은 그대의 삶에도 시사하는 바가 클 겁니다.

언제까지 신앙과 불신 사이에서 우물쭈물하고 있을 겁니까?
언제까지 이 세상이 영원할 것처럼 여기며 살아갈 겁니까?
한 발은 세상에, 한 발은 하나님께 담그고 우물쭈물하다가 이 묘비명이 우리의 한탄이 될지도 모를 일입니다. 그러니 이제는 즉시로 신앙의 세계에 그대의 두 발을 깊이 담가야 합니다.

몇 년의 시간이 흘렀지만 아파트에서 투신한 집사님을 잃은 상처의 흔적은 아직도 제게 남아 있습니다. 그만큼 그 당시 저는 너무 힘들었습니다. 교회를 사임하고 목회를 그만두고 싶은 충동이 꽤 긴 시간 동안 저를 지배했습니다. 그러나 그때 저를 붙잡아 주었던 것은 바로 '즉시 신앙'이었습니다. 더 몸부림치며 기도했고, 더 몸부림치며 평안을 구했고, 더 몸부림치며 하루를 견뎠습니다. 즉시 엎드리고 즉시 말씀 앞에 내 자아를 부스러뜨리는 과정이 없었다면 지금의 제 사역도 없고 지금 이 책도 나오지 못했을 겁니다.

그대의 신앙은 지금 어디에 있나요?

과거에 머물러 좀처럼 헤어나지 못하고 있다면, 관념적인 신앙을 지니고 그저 구원의 끈만 겨우 붙들고 있다면 즉시 지금 여기에 있는 참 신앙의 세계로 돌아와 함께 참 기쁨을 누리기를 바랍니다.

즉시를 결단하고 즉시를 권하며
조 광 운 목사

Part 1

Why?
왜 '즉시 신앙'인가?

제1장 티핑 포인트, 그리고 시그널
제2장 제자는 '즉시'를 달고 산다
제3장 현실에만 탈출구가 있다

제1장

티핑 포인트, 그리고 시그널

> 민족이 민족을, 나라가 나라를 대적하여 일어나겠고 곳곳에 지진이 있으며 기근이 있으리니 이는 재난의 시작이니라 (막 13:8).

전 세계적으로 올해를 지우자.… 내년부터 다시 2020년 하자.

인터넷의 한 커뮤니티에 올라와 화제가 된 글입니다. 아마 다들 비슷한 마음이지 않을까 싶습니다. 코로나19 팬데믹, 기록적인 긴 장마, 연이은 태풍까지 2020년은 지워 버리고 싶은 악몽과도 같았습니다.

"남편, 이제 말세가 체감되는 것 같아."

아내가 요즘 들어 부쩍 자주 하는 말입니다. 이상기후, 전염병, 그로 인한 사회적 변화를 몸소 체험하면서 성경에 기록된 말세의 징조들이 체감된다는군요. 그래서 아내는 정신이 번쩍 든다네요.

"이 믿음으로 천국에 갈 수 있을까? 우리 가족 모두 천국에 갈 수 있을까?"

그래서 아내는 오늘도 깨어 있자고 말합니다. 내일을 장담 못하니 말입니다.

"우리에게 내일이 보장되지 않아. 그러니 오늘 하루를 소중히 여겨야 돼!"

마치 교과서용 교훈 정도로만 인식되었던 이 말이 이제는 제법 현실적으로 느껴지고 강하게 다가옵니다. 징조의 시간은 곧 종료되고 이제 곧 실체가 우리 눈앞에 드러날 것 같은 분위기를 사람들은 피부로 감지하고 있습니다.

그대는 지금 어떻게 살아가고 있나요?

급변하는 시대 가운데서 그대에게 필요한 것은 즉시 신앙입니다. 시대의 징조가 사이렌처럼 울리고 있는 이때, 우리는 더 늦기 전에 반응해야 합니다.

> 민족이 민족을, 나라가 나라를 대적하여 일어나겠고 곳곳에 지진이 있으며 기근이 있으리니 이는 재난의 시작이니라 (기후적 말세의 징조, 막 13:8).

이 본문에서는 세상의 끝에 나타나는 징조로 지진과 기근을 이야기합니다. 요엘 말씀에서는 해가 어두워지고 달이 핏빛같이 변하는 극단적인 이상 현상도 이야기합니다 (요엘 2:30-31). 오늘날 세계 각지에서 일어나고 있는 기근, 홍수, 가뭄, 산불 등의 이상기후와 그로 인한 자연재해 현상은 예수님이 말씀하신 종말의 징조에 해당한다고 볼 수 있습니다. 이런 변화를 보고 있으면 징조의 임계점 tipping point 에 거의 다다른 건 아닌가라는 느낌을 지울 수가 없습니다.

"'티핑 포인트'tipping point란 역학(疫學)에서 따온 말로 바이러스가 병을 일으킬 만큼의 수에 다다르는 순간"[1]을 가리킵니다. 그러니 종말의 징조가 곧 끝나고 종말의 실체를 드러낼 티핑 포인트에 거의 다다른 느낌입니다. 징조의 임계점을 피부로 체감하게 하는 몇 가지의 사례를 소개합니다.

첫째, 데이비드 월러스 웰스David Wallace wells는 자신의 저서 『2050 거주불능 지구』(추수밭, 2020)에서 2050년을 지구 수명의 임계점으로 예측했습니다. 그는 2050년에는 "전 세계 대부분 주요 도시가 생존 불가능한 환경으로 변할 수 있다"고 경고했습니다. 그는 지구의 온도 상승이 일으킬 현상을 구체적으로 예상했습니다.

예를 들어, 지구 기온이 2도 상승하면 빙상이 붕괴되고, 4억 명 이상이 물 부족을 겪게 되며, 적도 지방 주요 도시는 사람이 살 수 없는 곳으로 변할 수 있다는 예상 시나리오를 주장했습니다. 또한, 지구가 뜨거워짐에 따라 점점 더 널리 이동하는 모기들이 퍼뜨리게 될 질병은 황열병 말고도 많아진다고 예측했습니다.

둘째, 영국 엑시터대학교University of Exeter의 팀 렌튼Tim Lenton 교수는 북극 해빙의 감소가 온난화의 주범인데 북극 해빙이 역대 최저치에 가까워지고 있다는 점을 들며 "10년 동안 증거를 볼 때 이미 기후변화의 티핑 포인트를 지났을 수 있다"[2]고 예상했습니다.

---

1 안혜리, "사회적 전염 현상 설명한 '티핑 포인트'", 중앙일보, 2000.08.18
2 "산불+허리케인+폭염, 미국이 바로 기후변화 종합세트", 머니투데이, 2020.09.18.

셋째, 2020년 1월 23일, 미국의 핵과학자회의BAS 레이첼 브론슨 Rachel Bronson 회장은 "2020 지구 종말 시계" 발표 행사에서 자정까지 '100초'가 남았음을 선언했습니다. 1947년부터 시작된 '지구 종말 시계의 자정'은 지구 종말을 자정으로 상징해서 남은 시간을 계산해 발표했습니다. 지난 2015년에는 자정 3분 전으로 발표했고, 2019년에는 자정 2분 전으로 당겨졌다고 발표한 바 있습니다. 그리고 올해는 20초가 앞당겨진 100초로 결정되었습니다. 브론슨 회장은 시간이 앞당겨진 요인 중의 하나로 기후변화를 지목했습니다.[3]

이런 사례들을 통해 우리가 자각해야 하는 것은 골든타임입니다. 종말의 실체가 드러날 카운트다운은 이미 시작되었습니다. 임계점에 다다른 순간 더 이상 우리에게 기회는 없습니다. 징조가 보였을 때 깨달아야 합니다. 그러니 아직 임계점에 도달하지 않고 종말의 징조가 계속되고 있는 이때 우리는 즉시 신앙을 통해 준비됨으로 신앙적인 종말을 맞이해야 합니다.

다른 일에는 분주하고 신속히 움직이면서 신앙에는 미온한 태도를 보여서는 안 됩니다. 다른 일에는 마감 시간과 골든타임을 지키려고 즉각적으로 반응하면서 신앙에 있어서는 엉기적대면 안 됩니다. 당장 종말이 오더라도 이상하지 않을 만큼 기후변화는 우리에게 경보를 울려 주고 있기 때문입니다.

---

3 백나리, "100초전까지 간 지구종말 시계…분 단위도 아닌 초 단위 진입", 연합뉴스 2020. 1. 24.

기후변화는 우리의 신앙을 깨우려는 하나님의 콜링 calling 입니다. 사람들은 기후변화의 티핑 포인트를 자각하며 인간의 내면 안에 하나님이 심어 놓으신 종교성으로 반응을 보이게 됩니다. 인간은 영적 존재입니다. 그래서 신성한 것에 대해서 본능적으로 찬양하고, 사후 세계에 대해서 의식하기 마련입니다. 그러니 '거주불능 지구', '종말', '징조'와 같은 단어들이 피부로 체감되는 오늘날, 인간의 종교성은 더욱 크게 발동될 가능성이 많습니다. 그리고는 자신의 인생의 골든 타임을 떠올리게 됩니다.

'이렇게 가다 세상이 끝나면 안 되는데 …, 세상이 끝나기 전에 신적神的 존재를 찾아야 하는 건 아닌가?'

세상은 점점 더 예측할 수 없는 일들이 발생하며 이로 인해 불확실성은 점점 짙어지기에 인간은 더욱 의존할 대상으로서 신적 존재를 추구하게 되는 법입니다.

이런 관점에서 기후변화는 우리들을 즉시 신앙으로 초대하는 하나님의 콜링이라 여길 수 있습니다. 기후변화의 티핑 포인트 자각이 영적으로 사람들을 흔들어 깨우고 있습니다. 하나님의 초대장은 모두에게 동일하게 발송되었습니다. 모두에게 공정하게 기회가 제공된 겁니다. 이 기회를 붙잡기 위해서 그대는 즉시 신앙으로 일어나야 합니다. 자신과 세상을 깨우는 자로 쓰임 받을 기회를 붙잡아야 합니다.

그대 한 사람의 변화는 큰 변화로 이어집니다. 세계적인 경영 저술가 말콤 글래드웰 Malcolm Gladwell은 자신의 저서 『티핑 포인트』에서 신발 브랜드인 '허시파피'Hush Puppies의 사례를 소개했습니다. 1990년대 중반에는 사람들이 거들떠보지도 않던 신발 브랜드 허시파피가 갑자기 미국 젊은 남성들에게 각광 받는 아이템이 되었습니다. 이후 유명

디자이너들이 자신의 패션쇼에서 이 신발을 선보였고, 영화 〈포레스트 검프〉Forrest Gump에서 주인공 톰 행크스Thomas J. Hanks가 이 신발을 신고 출연해 그 다음 해 매출이 4배나 증가하게 되었습니다.

말콤 글래드웰은 허시파피의 현상을 "감염"이란 단어로 정의했습니다. 소수의 몇몇 사람이 허시파피 신발을 신은 것이 티핑 포인트를 일으켰고 결과적으로 사람들이 '허시파피' 바이러스에 감염되면서 엄청난 대유행이 되었음을 설명한 겁니다.

이 사례는 우리 그리스도인들에게 시사하는 바가 큽니다. 소수의 몇몇 남성이 신발을 신은 것이 대유행을 일으키는 티핑 포인트가 된 것처럼, 그대 한 사람의 신앙 결단이 한국 교회의 부흥을 일으키는 영적 티핑 포인트spiritual tipping point가 될 수 있습니다.

마르틴 루터Martin Luther 한 사람의 신앙 결단이 주위의 사람들을 감염시켜 종교개혁의 티핑 포인트에 다다르게 한 것처럼, 사도 바울 한 개인이 제자들을 감염시켜 세계 선교의 티핑 포인트에 근접하게 한 것처럼, 그대 한 사람의 신앙은 많은 사람을 감염시켜 이 시대를 깨우는 영적 티핑 포인트의 마중물이 될 수 있습니다.

하나님은 이 시대의 영적 티핑 포인트를 일으킬 자를 찾으시고 부르십니다. 우리는 말세의 징조를 통해 들리는 하나님의 이 부르심에 반응해야 합니다. 반응하고 도전하는 자만이 이 시대를 깨우는 자로 쓰임 받을 수 있습니다. 이 기회는 즉시 신앙으로 도전하는 자가 얻게 될 겁니다.

그대는 즉시 도전할 준비가 되어 있습니까?

사회적 말세의 징조

바울은 디모데후서 3:1-5에서 말세의 징조 18가지를 언급하는데 이 중에서 가장 처음에 언급된 것은 '자기를 사랑하는 것'이었습니다.

> 사람들이 자기를 사랑하며 돈을 사랑하며 자랑하며 교만하며 비방하며 부모를 거역하며 감사하지 아니하며 거룩하지 아니하며(사회적 말세의 징조, 딤후 3:1-2).

성경에서 순서는 중요도의 순서입니다. 베드로가 열두 제자의 이름이 거론될 때 맨 앞에서 소개된 것이 이런 이치입니다. 그러니 자신의 자아를 하나님보다 더 사랑하는 우상 숭배는 바울이 가장 강조하고 싶은 말세의 징조였습니다.

욜로YOLO(You Only Live Once)는 '한 번만 사는 인생'임을 강조하며 오늘을 나 중심으로 즐기자는 가치관이 녹아든 용어입니다. 코로나19 이후 욜로 대신 '홀로'라는 용어도 등장했습니다. 이것은 코로나가 가져온 새로운 쇼핑 트렌드를 뜻하는 용어입니다.[4]

---

4 박인주, "올해 쇼핑 키워드는 '욜로'(YOLO) 아닌 '홀로'(HOLO)", 서울경제, 2020.03.31.

H (Health Care)-면역 용품
O (Online Shopping)-온라인 쇼핑
L (Life at Home)-집콕 제품
O (Oversize)-대용량 제품

이런 신조어의 탄생에는 '개인' 혹은 '혼자'를 강조하는 문화적 흐름이 그 배경이 된다고 볼 수 있습니다. 타샤 유리크Tasha Eurich는 자신의 저서 『자기통찰』(저스트북스, 2018)에서 사회가 갈수록 더 자기중심적으로 흘러가는 현상을 두 가지 사례를 통해 보여 주었습니다.

첫째, 1790년대부터 2012년까지 미국 대통령의 연두교서annual message를 분석해 봤더니 타인을 지칭하는 단어는 줄어든 데 비해 '나', '나를' 같은 자기중심적 단어는 증가했다는 겁니다. 연두교서는 미국 대통령이 매년 1월 하순 또는 2월 초에 상·하 양원합동회의에서 국정 전반에 대한 자신의 견해를 표명하는 자리이기에 일반적인 상식선에서 생각하면 나라의 최고 지도자로서 국가와 사회 연합을 강조했을 텐데 오히려 대통령 '개인'이 강조되었습니다. 그만큼 자기중심적인 문화가 모든 신분과 자리에 예외 없이 두드러져가고 있음을 알 수 있습니다.

둘째, 사람들이 소셜 미디어social media를 사용하는 이유를 파악하는 조사에서 '대인 관계'는 순위 중 하위를 차지했다는 겁니다. 가장 높은 순위를 차지한 응답은 '자기제시'self-presentation였습니다. 소셜 미디어에 참여하는 사라들 중에 자기과시를 위해 컨텐츠를 게시하는 미포머meformer⁵가 80퍼센트를 차지하고, 타인에게 정보를 제공하고 소통을 위해 게시하는 인포머informer가 나머지 20퍼센트였습니다.

코로나19 이후 소셜 미디어 안에서는 불이 날 정도로 엄청난 게시물들이 쏟아지고 있습니다. 그런데 많은 게시물이 타인과의 소통이 아닌 자신의 입장 표명을 목적으로 합니다. 이른 바 미포머meformer가 점점 더 많아지고 있다는 겁니다. 가끔 목격되는 코멘트 중의 하나가 "오늘부로 친구 정리합니다"입니다.

영어 'social'은 '사회의'라는 뜻입니다. 그러므로 'social media'는 말 그대로 사회적 소통을 위한 창구 역할로 존재합니다. 그런데 자신의 생각과 다르다고 해서 정리하는 수준까지 간다면 그 창구는 더 이상 소통을 위한 사회적 창구가 아니라 불통하기로 작정한 개인적 창구일 뿐입니다. 게시의 목적이 소통이 아니라 '자기과시'이기에 이런 씁쓸한 모습도 발생된다고 여겨집니다.

어거스틴은 우상 숭배를 "고장난 사랑"disordered love이라고 정의했습니다.⁶ 인간은 늘 무엇인가를 예배해야 하는 존재이고, 누군가를 사랑해야 하는 존재인데 하나님을 사랑하지 못하고 자아를 사랑하는 우상 숭배는 고장난 사랑이라는 겁니다. 고장난 사랑을 해 본 인류는 삶에서 많은 파괴를 경험하고 있습니다.

---

5 영어로 `나'를 의미하는 미(Me)와 `정보 제공자`라는 뜻을 갖는 단어 인포머(Informer)가 합쳐진 합성어로, 실제로 미국 러트거스대 연구진이 트위터 유저 350명을 대상으로 조사한 결과를 발표하면서 만든 신조어
6 팀 켈러, 『팀 켈러의 센터처치』, 오종향 역 (서울: 두란노서원, 2016), 271.

현대 심리학자인 에이브러햄 매슬로Abraham Harold Maslow는 인간의 욕구는 낮은 단계부터 시작해서 그것이 충족되면 위의 단계로 올라가는 '욕구단계이론'hierarchy of needs을 주장했습니다. 이것은 다음과 같이 총 다섯 단계로 이루어져 있습니다.

1단계: 생리 욕구physiological
2단계: 안전 욕구safety
3단계: 애정·소속 욕구love/belonging
4단계: 존경 욕구esteem
5단계: 자아실현 욕구self-actualization

매슬로는 '자아실현'은 인간이 만족할 수 있는 가장 완벽한 형태의 욕구라고 주장했습니다. 이것은 지금까지 서구 사회를 지배했던 종교적 가치를 뒷방으로 몰아낸 것입니다. 스스로를 하나님께 종속된 존재로 여겼던 인간이 이제는 자신이 주인이라는 명제를 진리로 만든 선언이었습니다. 그러나 이 가치를 추구한 이래로 사람들은 심리 상담을 받고 정신병원에 내원하는 일이 보편적인 일이 되어 버렸습니다. 아이러니하게도 자아의 해방을 추구한 이래, 과거에 전례가 없을 정도로 인간의 내면과 정신은 감금을 당해 괴로워하고 있습니다. 결국 자아실현은 고장난 사랑의 추구이기에 인간의 삶은 고장 나고 있는 겁니다.

그럼에도 불구하고 '자아사랑'이란 우상 숭배는 더 짙어지고 있습니다. 말세의 징조가 더 뚜렷해져 가는 것이라 할 수 있겠지요. 그러니 우리는 더 고장 나기 전에 속히 전환해야 합니다. 즉시 신앙으로 돌아가야 합니다.

제 아들은 하루에 딱 30분만 TV를 시청합니다. 스마트폰과 TV는 아이들과 더 이상 분리시킬 수 없는 도구가 되었기에 적정 수준으로 합의를 본 것이 30분입니다. 아직 여섯 살이라 그런지 30분만 봐도 만족하는 눈치입니다. 이 시간 동안 제 아들은 초집중합니다. 30분이 지나고 알람이 울린 후에는 그날 하루만큼은 더 이상 TV를 못 보기에 이 녀석은 초집중할 수밖에요.

우리의 삶 또한 제한되어 있습니다. 죽음 없는 생명은 없고, 예수님의 초림으로 이미 말세는 시작되었습니다. 그리고 언젠가는 말세가 완성될 겁니다. 말세의 완성 때 말세의 끝을 알리는 알람 소리인 나팔 소리와 함께 예수님은 이 땅에 다시 오실 겁니다. 그렇기에 우리는 그 날을 영광스럽게 맞이할 수 있도록 준비해야 하고 마지막 때가 임박한 오늘날을 인식함으로 지금 여기에서 즉시 신앙해야 합니다. 초집중해 현재적 신앙을 바로 세워야 합니다.

즉시 삶으로 *Now Faith*

(1) 기후변화로 인한 고통은 재난입니다

> 민족이 민족을, 나라가 나라를 대적하여 일어나겠고 곳곳에 지진이 있으며 기근이 있으리니 이는 재난의 시작이니라(막 13:8).

'재난'을 가리키는 헬라어 '오딘'ώδ/ν은 '산통'birth pains을 의미합니다. 즉, 기후변화는 끝, 죽음, 사망을 목적으로 하는 고통이 아니라, 새로운 생명을 낳는 산통이 목적입니다. 산모가 산통을 통해 새로운 생명을 탄생시키는 것처럼, 이 재난의 고통은 우리에게 생명을 가져다주는 선한 열매로 이어질 겁니다.
그대는 지금의 고통에서 어떤 소망을 발견할 수 있습니까?

(2) 바울은 말세의 징조 18가지를 언급하면서 이 현상을 '말세의 고통'이라고 말했습니다(딤후 3:1). 말세의 징조 18가지 중 가장 처음에 언급된 것은 '자기를 사랑'하는 것이었습니다. 그만큼 자기를 사랑하는 것이 인류에게 가장 큰 고통을 안겨다 준다는 의미입니다. 그대가 고통을 줄이기 원한다면 '자기 사랑'을 멈추어야 합니다.
그대가 멈춰야 할 어긋난 자기 사랑의 모습은 무엇입니까?

더 깊은 묵상을 위한 참고 성경 구절

눅 21:11/ 겔 13:13

롬 1:30/ 빌 2:21

제2장

제자는 '즉시'를 달고 산다

> 곧 그물을 버려 두고 따르니라(막 1:18).

호아킴 데 포사다Joachim de Posada의 저서 『바보 빅터』(한국경제신문, 2011)는 국제멘사협회의 회장을 지낸 '빅터 세리브리아코프Victor Serebriakoff의 실제 이야기를 다루었습니다. 빅터는 어릴 적 학교에서 실수로 IQ 73의 판정을 받았습니다. 선생님은 빅터에게 IQ 평가표를 건네주며 무시하는 발언을 했고 결국 이 소문은 학교에 퍼지고 말았습니다. 결과적으로 빅터는 전교생의 놀림감이 되고 말았지요. 빅터는 결국 열다섯 살에 학업을 포기하고 아버지의 정비소에서 일을 하게 됩니다.

그러다가 우연히, 무려 17년 만에 빅터는 자신의 IQ가 173이라는 사실을 알게 됩니다. 그 후 그는 자신이 천재임을 인정하고 노력해 큰 성공을 거두게 되었고 멘사협회 회장의 자리에까지 오릅니다. 빅터는 지난 17년 동안 IQ가 73밖에 안 된다는 것을 사실로 받아들였기에 스스로를 바보로 여겼습니다. 그래서 바보처럼 생각하고 바보처럼 행동했습니다. 그러나 자신의 실제 IQ를 인지한 순간 자신을 대단하고 특출난 사람으로 여기고 대단한 사람처럼 행동했습니다. 이 이야기는 정체성의 중요성을 보여 줍니다. 자신을 어떻게 인식하느냐에 따라 생각과 행동과 인생의 질이 결정됩니다.

예수님의 정체성

예수님은 자신의 정체성을 하나님에게서 '보냄 받은 자'로 인식했습니다. 그래서 예수님은 보내신 자가 주신 미션을 수행하기 위해 신속히 움직이셨습니다.

마가복음에서 예수님과 제자들의 첫 등장은 1:9-20이 기록하고 있는데, 이 짧은 구절에서 '즉시'ɛὐθύς가 4회나 나옵니다(10, 12, 18, 20절) 예수님이 지체하지 않으시고 즉각적으로 움직이셨음을 강조한 겁니다.

- 예수님이 세례 요한에게 세례를 받으시고 "곧" 올라오셨습니다(10절).
- 세례를 받으신 예수님을 성령은 "곧" 광야로 몰아내십니다(12절).
- 시몬과 안드레 형제가 제자로 부름 받는데, 이 둘은 예수님의 부르심을 듣고 "곧" 그물을 버려두고 따릅니다(18절).
- 예수님은 세베대의 아들 야고보와 요한을 "곧" 부르십니다(20절).

그뿐만 아니라 마가복음에는 '즉시'라는 말이 41회나 나옵니다. 마태복음에는 이 단어가 5회, 누가복음에는 1회, 요한복음에는 3회만 언급되었으니 저자 마가는 예수님의 모든 사역이 매우 신속하게 진행되었음을 강조하고자 했던 겁니다.

예수님은 유보하거나 지체하지 않으셨습니다. 자신을 보냄 받은 자라 여기셨기에 보내신 분의 뜻을 따라 즉시 순종하셨던 겁니다. 즉각적인 순종, 즉시 신앙은 예수님의 정체성에서 나온 신앙적 결단이요 자신을 보내신 자에 대한 의지적 순종이었습니다.

마가가 예수님의 신속한 모습을 강조한 의도는 마가복음의 독자들을 위한 것으로 보입니다. 마가복음의 독자는 유대인이 아닌 이방인이었습니다. 그러니 복음을 이방인들에게 이해시킬 수 있는 관점으로 제시하며 그들이 예수님을 메시아로 받아들일 수 있도록 설득해야 했습니다. 그래서 강조된 것이 바로 예수님의 행동이었습니다.

이방인들은 유대인들처럼 메시아에 대한 개념조차 없었습니다. 그러니 그들은 예수님의 능력을 봐야지만 메시아로 인정할 수 있었겠지요. 그래서 예수님은 회복시키는 행동, 치유하시는 행동, 섬기시는 행동을 통해 자신이 하나님의 아들이시자 세상의 구주가 되신다는 사실을 입증하시려 했던 겁니다.

그래서 마가복음은 사복음서 중 유일하게 예수님의 성육신 탄생과 유년시절을 다루지 않았습니다. 이방인들은 유대인들만큼 예수님의 탄생 배경이나 어린 시절에는 관심이 없습니다. 대신에 그분이 지금 당장 나를 돕고 구원하실 수 있는가에만 관심이 있습니다. 그래서 마가는 이들을 설득하기 위해 예수님의 유년 시절은 모두 빼고 예수님의 신속한 행동만을 강조했던 겁니다. 그래서 마가복음을 "행동의 복음"The Gospel of Action으로 부르기도 합니다.

마가복음을 받아 든 독자들은 신앙이란 행동이고 움직임이란 것을 깨달았을 겁니다. 유보하거나 지체하지 않고 하나님이 가라고 하신 곳에 즉시 가고, 하라는 일을 즉시 해 내는 예수님을 보았을 것입니다. 우리의 삶은 현재적이며 우리의 신앙은 즉각적이어야 합니다. 지금 이 시대에는 더욱 말입니다.

제자 정체성

제자는 스승의 이상과 삶을 본받는 존재입니다. 예수님이 보내신 자의 뜻을 신속하고도 즉각적으로 따라 사셨듯이 제자들도 그렇게 살아야 했습니다. 그것이 제자 정체성에 부합한 삶의 모습이기 때문입니다.

마가복음은 예수님이 '갈릴리(막 1-9장)-베뢰아(10장)-예루살렘(11-16장)'으로 이동하시는 과정을 통해 공생애 3년의 시간을 기록했습니다. 예수님은 예루살렘으로 올라가시는 과정 속에서 지속적으로 자기를 부인하시고 비우십니다. 그래야 예루살렘에서 십자가에 달리실 수 있었기 때문입니다. 그러니 공생애 3년은 무엇보다도 예수님이 자신의 자아를 죽이는 연단과 훈련의 과정이었습니다. 예수님은 보냄을 받은 자로서의 자기 정체성을 늘 인식했기에 머물지 않고 미션 수행 장소로 신속히 이동하셨습니다.

그러나 안타깝게도 제자들은 그렇게 하지 못했습니다. 수제자인 베드로의 모습은 제자들의 실패를 보여 줍니다.

- 갈릴리에서 베드로는 순종의 모습을 보여 줍니다.

    곧 그물을 버려 두고 따르니라(막 1:18).

- 그러나 베뢰아에 들어가기 직전 베드로는 욕망을 드러냅니다.

    베드로가 예수께 고하되 랍비여 우리가 여기 있는 것이 좋사오니 우리가 초막 셋을 짓되 하나는 주를 위하여, 하나는 모세를 위하여, 하나는 엘리야를 위하여 하사이다 하니(막9:5).

베드로는 이 산에서 자기중심적인 이기적 욕망으로 내려오려고 하지 않았습니다.

- 예루살렘에서는 급기야 폭력성을 드러냅니다.

    곁에 서 있는 자 중의 한 사람이 칼을 빼어 대제사장의 종을 쳐 그 귀를 떨어뜨리니라(막 14:47).

예수님이 체포되시려 하자 베드로가 칼을 빼어 군인 중의 하나의 귀를 잘라 버립니다. 성경은 베드로라 부르지 않고, "곁에 서 있는 자 중의 한 사람"(막 14:47)이라고 지칭합니다. 톰 라이트 Nicholas Thomas Wright는 베드로의 폭력적 행동은 제자가 보여 줄 수 있는 행동이 아닌 예수님과 상관없는 '곁에 서 있는 아무나'가 할 수 있는 세속적 행동이

기에 성경에 이렇게 기록했다고 말했습니다.¹

수제자 베드로는 처음 제자로 부름 받을 때만 하더라도 그물을 버리고 즉시 순종해 따라가는가 싶더니 결정적인 상황에서 욕망을 분출하고 폭력성을 드러내며 예수님과 전혀 상관없는 자의 모습을 보여 줍니다. 결국 성경이 유명한 베드로의 이름을 의도적으로 뺀 이유는 그가 제자 정체성을 잃어버렸기 때문입니다. 제자 정체성이 실종되면 예수님 앞에서 유명했던 자도 무명으로 전락하게 된다는 것을 상징적으로 보여 주고자 한 겁니다.

김종래 조선일보 출판국장은 그의 저서 『CEO 칭기스칸: 유목민에게 배우는 21세기 경영전략』(삼성경제연구소, 2002)이란 책에서 몽골제국이 패망한 원인 세 가지를 밝힙니다. 그것은 총의 등장, 재정의 압박, 정체성의 결여입니다.

총의 위력과 재정적인 한계도 한계지만, 제 생각에는 마지막 세 번째 이유가 몽골제국 패망의 가장 결정적인 원인이 되지 않았을까 싶습니다. 몽골인들은 한 번 잠을 잔 곳에서 또 자는 것을 스스로 용납하지 못했다고 합니다. 칭기스칸은 몽골의 내전을 지켜보면서 몽골의 해방은 몽골 밖에 있음을 파악했습니다. 그래서 늘 확장하며 이동했습니다. 그것이 몽골제국을 세운 정신적 원동력이었습니다. 확장과 이동이 그들의 정체성이 되어 몽골을 강대하게 만들었던 겁니다.

그러나 칭기스칸의 후예들이 한 곳에 정착하면서 몽골제국은 서서히 패망의 자리에 들어서게 되었습니다. 이처럼 몽골을 강대하게 만든 것은 정체성의 문제였고, 그들을 패망하게 만든 것도 정체성의 문

---

1 톰 라이트, 『모든 사람을 위한 마가복음』, 양혜원 역 (서울: IVP, 2011). 279.

제였습니다.

　베드로 또한 제자 정체성을 잃어버리고 욕망의 자리, 분노의 자리에 정착하려 했습니다. 그 결과 그의 이름이 마가복음의 한 본문에서 삭제되었습니다.

　제자 정체성은 예수님처럼 즉시 신앙하는 겁니다.

　제자 정체성은 보내신 자의 뜻을 따라 즉시 행동하는 겁니다.

　빅터가 자신의 정체성에 혼동이 왔을 때 바보로 살아갔던 것처럼, 그대도 제자 정체성을 상실하면 제자의 이름을 상실하고 예수님 앞에서 무명해 질 수밖에 없습니다.

　그러니 확고한 정체성으로 즉시 신앙함으로 세상에 그 빛을 숨기지 못하는 참 제자로 살아가기를 소망합니다. 지체할 수 없는 마지막 시대를 살아가는 우리에게 정체성의 회복과 결단은 더 이상 유보할 수 없는 최우선순위에 놓여야 할 것입니다.

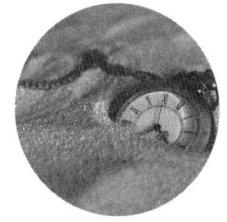

즉시 삶으로 *Now Faith*

(1) 예수님은 자신을 '보냄 받은 자'로 인식했습니다. 이런 인식이 있었기에 예수님은 보내신 자를 의식하며 보냄 받은 자로서의 사명을 신속히 이행하실 수 있었습니다.
요즘 그대가 가장 재빠르고 신속하게 이행하는 것은 무엇인가요?
그 행동이 그대가 누구인지를 알려주는 시금석입니다.
그대는 누구인가요?

(2) 자신을 예수님의 제자로 인식하는 자는 즉시 신앙하는 자입니다.
하나님이 그대에게 주신 사명은 어떤 것입니까?
나의 사명이라고 인식하면서도 유보하고 지체함으로 즉시 행하지 못하는 것은 무엇입니까?(봉사, 헌금, 전도, 양육, 섬김, 사회 속에서의 크리스천의 삶 도전 등)

더 깊은 묵상을 위한 참고 성경 구절

빌 3:20
행 16:10
창 22:3
수 6:20

제3장

현실에만 탈출구가 있다

> 이르시되 때가 찼고 하나님의 나라가 가까이 왔으니 회개하고 복음을 믿으라 하시더라 (막 1:15).

 어렸을 적 시골에 가기 위해서는 몇 달 전에 미리 기차표를 예매해야 했습니다. 당시에는 온라인 예매가 없었기 때문에 부모님은 몇 달 전부터 기차역에 가서서 티켓을 구입하시곤 했습니다.
 한번은 명절이 되어 기차를 타기 위해 집을 나서려는데 안방에서 시끄러운 소리가 났습니다. 가보니 부모님이 서랍에 넣어 놓은 기차표가 없어졌다며 분주하게 찾고 계셨습니다. 아무리 뒤져도 보이지 않자 아버지는 무거운 서랍을 빼서 통째로 땅에 엎으셨습니다. 그래도 보이지 않던 기차표는 결국 서랍을 끼워 넣는 틈새에서 먼지가 수북하게 쌓인 채로 발견되었습니다.
 오늘날 구원을 잘못 이해하는 한 가지 방식은 구원을 천국행 구원 열차표 정도로 인식하는 것입니다. 열차표는 기차를 타기 전까지는 아무 쓸모가 없기에 방구석 어딘가에 쑤셔 놓고 전혀 사용하지 않습니다. 구원도 죽음 이후에 천국문에 들어가는 티켓 정도로만 여기기에 현세에서는 아무런 쓸모가 없다 생각하고 사용하지 않는 겁니다. 이런 인식 속에서 구원은 먼 미래의 이야기로만 치부될 뿐입니다. 그러나 성경이 말하는 구원은 그대가 존재하고 있는 '지금 여기에'도 존재합니다.

> 요한이 잡힌 후 예수께서 갈릴리에 오셔서 하나님의 복음을 전파하여 이르시되 때가 찼고 하나님의 나라가 가까이 왔으니 회개하고 복음을 믿으라 하시더라(막 1:14-15).

마틴 로이드존스David Martyn Lloyd-Jones 목사에 의하면 '전파'라는 말은 신약 시대에 왕이 아들을 낳으면 이 소식을 알리는 선포의 행위를 가리킨다고 합니다.[1] 왕 되신 하나님의 아들이 세상에 노예가 되고 세상의 폭정에 시달린 자기 백성을 구원하기 위해 이 땅에 보냄을 받은 겁니다.

여기서 강조점은 예수님이 이 땅에서 구원을 선포하시고 베푸셨다는 것입니다. 구원은 '하늘'이라는 초월적이 공간에서만 이루어지는 것이 아니라 땅에서도 이루어짐을 강조하고 있는 것입니다. 예수님은 이 땅에서 치유하셨고, 이 땅에서 고치셨으며, 이 땅에서 귀신을 내쫓으셨고, 압제 아래 놓인 자들을 구원하셨습니다.

예수님은 하나님의 복음을 구체적으로 진술할 때 "하나님의 나라가 가까이 왔다"고 하셨습니다. 나라를 성립함에 있어서 가장 중요한 요소는 주권입니다. 하나님의 주권을 이 땅에 실현시키신 분이 예

---

1 마틴 로이드 존스, 『하나님 나라』, 전의우 역 (서울: 복있는사람, 2008), 23.

수님입니다. 왕의 아들이 아버지의 뜻을 받들어 통치하시는 겁니다. 그래서 예수님의 초림으로 하나님 나라는 시작되었고 그분의 재림으로 하나님 나라는 완성됩니다.

지금 그대가 살아가고 있는 '현재'는 하나님 나라의 시작과 완성 사이에 존재하고 있습니다. 이 '현재'라는 시점에서 하나님 보좌 우편에 계신 예수 그리스도께서 성령님을 통해 지금도 그대의 삶을 통치하십니다. 그러니 그대의 삶에서 구원은 일어나고 있습니다.

또한, 구원은 개인의 영역에서만 그치는 것이 아니라 창조 세계를 회복시키는 데까지 나아갑니다. 이종필 목사는 자신의 저서 『킹덤복음』[2](아르카, 2019)에서 구원을 "속죄에만 머물지 않고 … 예수 그리스도를 통해 온 세상을 하나님 나라로 회복시키는 약속의 성취"로 보았습니다. 이것이 바로 복음(복된 소식)입니다. 왕의 아들이 그대의 현재 삶을 구원하신다는 것, 개인의 영역뿐만 아니라 온 창조 세계가 회복된다는 것은 복된 소식입니다.

이 부분에서 그대는 질문해야 합니다.

"왜 그대는 즉시 신앙해야 합니까?"

그 답은 예수 그리스도께서 현재의 그대의 삶 속에서 일하시기 때문입니다. 예수 그리스도께서 그대의 삶이 포함된 모든 창조 세계를 회복시키실 것이기 때문입니다. 그러므로 그대의 '지금 여기'에서 즉각적인 구원을 경험할 수 있는 유일한 비결이 있다면 즉시 신앙하는

---

[2] 이 책을 읽길 권한다. 왜 우리가 즉시 신앙해야 하는지에 대한 사상적 토대가 되는 책이다. 하늘의 영역만 추구하는 반 토막이 난 구원 이해가 아닌 우리가 발을 딛고 살아가는 땅의 영역까지 구원의 범주에 넣는 구원 이해로 전인적 복음, 총체적 복음, 포괄적 복음을 제시한다.

겁니다. 세상의 열차와 달리 구원의 열차는 그대가 존재하는 모든 시간과 공간 속에서 계속 운행 중입니다.

그대의 현재에는 탈출구가 있는가?

이어령 박사는 그의 저서 『이어령의 지의 최전선』(arte, 2016)에서 탈출구가 어디에도 보이지 않는 각박한 현실을 'no where'(어디에도 없다)라고 표현합니다. 그런데 이 단어의 철자 사이에서 스페이스바를 한 번 눌러 주면 'now here'(지금 여기)가 된다고 말합니다. 죄로 타락한 이 땅은 탈출구가 없는 폐쇄된 공간으로 보이지만 관점을 달리하면 지금 여기는 구원을 경험하는 공간이 될 수 있습니다.

우리가 보기에는 탈출구가 안 보이지만 하나님의 관점에서는 무수히 많은 탈출구가 그대의 '지금 여기'에 있습니다. 그러니 우리는 즉시 신앙해야 합니다.

홍해가 열릴 줄 누가 알았겠습니까?

뒤에서는 바로의 군대가 쫓아오는 상황입니다. 탈출구가 어디에도 보이지 않습니다. no where 그러나 그 날 바로 그곳에서 right there 홍해는 열렸습니다. 현재에 임한 하나님의 구원입니다. 그대의 현재에는 구원이 예비되어 있기에 즉시 엎드려 구해야 합니다.

역사가 윌리엄 레키 William, E.H.Lecky 는 프랑스와 달리 영국이 혁명을 겪지 않은 원인을 18세기 영국의 복음주의 부흥 운동, 감리교 부흥 운동 때문이라고 분석했습니다.³ 이런 부흥 운동으로 각 사회 영역마다 위대한 변화가 일어났기에 프랑스 혁명처럼 인간 스스로가 만든 혁명이 필요 없었다는 말입니다.

고대 영어에서 '구원'은 현대 영어의 '치유'heal와 '건강'health이라는 말과 비슷한 'hoel'이었다고 합니다. 라틴어 형태인 'salvation'으로 바뀌기 전까지는 이 단어가 쓰였습니다.⁴ 이처럼 구원이란 건강과 치유처럼 현존하는 세계에서 경험할 수 있는 것이었습니다.

구원은 '지금 여기'에서 사용할 수 있는 하나님의 선물입니다. 영국 사회 속에서의 부흥 운동이 혁명 없이 현실적인 변화를 일으킨 것처럼, 구원은 그대의 현재에서 일상을 혁명하는 실제가 될 수 있습니다.

그대에겐 구원이 어떤 의미입니까?

안타깝게도 나중에 천국행 구원열차를 탑승할 때 쓰겠다며 책상 서랍에 먼지가 수북하게 쌓인 채 처박아 놓고 있는 건 아닌가요?

니체의 선언을 주목하자

즉시 신앙의 회복을 위해 우리는 니체의 부르짖음에 주목해야 합니다. 프리드리히 빌헬름 니체 Friedrich Wilhelm Nietzsche가 남긴 유명한 말이 있지요.

"신은 죽었다."

---

3   마틴 로이드 존스, 『하나님 나라』, 178.
4   알리스터 맥그래스, 조애나 맥그래스, 『자존감: 십자가와 그리스도인의 자신감』, 윤종석 역 (서울: IVP, 2003), 119.

그가 말한 신은 구체적으로 무엇을 가리켰을까요?

작가 채사장은 『열한 계단』(whalebooks, 2016)에서 이 신을 플라톤의 이원론이라고 정의했습니다. 그의 설명을 요약하면, 중세에는 기독교의 이원론이 가치관을 점령했는데, 형이상학적 세계인 천국과 형이하학적 세계인 땅으로 엄격하게 구분했습니다. 근대에는 이성중심주의가 이원론의 형태로 세계를 점령했습니다. 이성적인 것과 반(反) 이성적인 것으로 말입니다.

그러므로 중세나 근대에는 이원론 중에서 하늘에 관련된 것(기독교의 천국, 이성의 합리성)만을 추구했고 상대적으로 이 땅과 실존적 현실은 무시하고 평가 절하했다는 겁니다. 땅보다 천국을 우위에 두는 신, 실존 세계보다 형이상학적 세계를 우위에 두는 신 개념을 가지고 있었습니다. 그래서 니체는 이원론 프레임으로 속박된 이 땅을 구원하고 싶었고 그 방법은 신을 죽이는 일이었습니다.

니체의 "신은 죽었다"라는 과격한 말에는 경계를 짓고 싶습니다. 자칫 오해를 살 수 있는 위험해 보이는 문구이기 때문입니다. 그러나 그가 이 말을 내뱉었던 동기, 즉 구원의 영역에서 배제되고 무시받았던 '실존 세계의 구원'을 끌어올리고자 했던 그의 의식에는 동의하고 싶습니다. 이 글을 읽는 그대의 신앙은 땅이라는 실존 세계에서 일하는 신앙이어야 합니다. 신앙도 구원도 현재적인 것이기 때문입니다.

만나[19]는 지독한 현실인 광야에서 배고픈 자들에게 준 음식이었습니다. 만나는 '이것이 무엇이냐'라는 뜻입니다. 이스라엘 백성은 이런 희귀한 음식을 생전 처음 봤습니다. 그래서 이름을 뭐라고 붙일지 몰라서 "이것이 무엇이냐"라고 지은 것입니다.

만나는 사람들의 현존 세계에 임한 구원이었습니다. 천국에 가면 받는 양식이 아니라 배고픔을 채울 현실에서의 양식이었습니다. 니체는 이 만나를 먹고 싶었던 겁니다. 하늘에서 둥둥 떠다니는 만나가 아니라 자신의 실존 세계인 '지금 여기'에서 먹을 수 있는 만나 말입니다.

그대는 "이것이 무엇이냐"라는 탄성과 놀라움으로 반응하는 현재의 구원을 경험하고 있습니까?

사후에 천국에 가면 먹는 만나가 아닌 그대가 밟고 서 있는 이 땅에서 먹을 수 있는 구원의 만나가 있나요?

구원의 만나를 먹는 그대를 보며 "이것이 무엇이냐"고 놀라는 주위의 사람들이 있나요?

이런 삶의 회복을 위해 그대는 지금 즉시 신앙해야 합니다.

즉시 삶으로

(1) 예수님이 공생애 기간 대부분을 보내신 지역이 갈릴리였습니다. 마태는 그 땅을 "이방의 갈릴리"(마 4:15)라고 불러 유대 민족에 의해 무시와 냉대를 받던 이방인의 거주 지역임을 강조했습니다. 그래서 마태는 그 땅을 "흑암의 땅", "사망의 땅"(마 4:16)이라고 명명했습니다. 이처럼 갈릴리는 현재적 구원이 필요한 어둠의 땅이었습니다.
그대의 인생은 갈릴리와 같지 않습니까?
흑암과 사망의 삶이면서도 '나는 괜찮다. 나는 빛에 거한다'라며 착각하고 있지는 않습니까?
그대의 삶을 해석하는 그대의 영적 눈은 바르게 떠 있습니까?

(2) 왕의 아들이신 예수 그리스도께서는 지금 여기에서 now here 현재적 구원을 일으키고 계십니다.
그런데 그대는 현재적 구원은 어디에도 없다며 no where 구원의 개입을 스스로 막고 있지는 않습니까?
그대의 현재적 구원을 방해하는 요소는 무엇입니까?

더 깊은 묵상을 위한 참고 성경 구절

마 4:23
엡 1:10
갈 4:4

Part 2

What?
무엇을 '즉시 신앙'해야 하는가?

자아
제1장 소음(Noise)이 아닌 소리(Sound)
제2장 깨지면 프라이, 깨뜨리면 병아리
제3장 질 좋은 사람

공동체
제4장 혐오에 분노하라: 수용공동체
제5장 당신이 이겨야 한다: 공생 공동체
제6장 당신이 옳다: 공감 공동체

편견
제7장 광야가 좋다
제8장 그들의 천국에 난 가기 싫다
제9장 교회는 산통 중이다

일상
제10장 피로사회를 사는 그대에게
제11장 어디를 바라볼지 모르는 그대에게
제12장 실패를 강요당한 그대에게

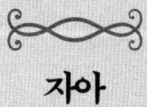
자아

"주님, 당신을 알기 위해 제 자신을 알게 해 주십시오."
성 어거스틴(『고백록』, 크리스천다이제스트)

제1장

소음(Noise)이 아닌 소리(Sound)

> 광야에 외치는 자의 소리가 있어 이르되 너희는 주의 길을 준비하라 그의 오실 길을 곧게 하라 기록된 것과 같이(막 1:3).

제 나이 마흔, 마흔은 불혹으로 불린다죠. 미혹됨이 없는 나이라 하나 현실은 반대인 것 같습니다. 나이가 들수록 더 큰 미혹이 저를 유혹합니다. 옛 어른들이 연령대마다 욕망이 달라진다고 했는데 이 나이가 되니 점점 더 영향력에 대한 욕망이 커집니다.

'어떻게 하면 나의 영향력을 과시할 수 있을까?'

'어떻게 하면 내 이름을 알릴 수 있을까?'

이에 대한 이런저런 궁리가 생깁니다.

그런데 문제는 욕망을 추구하면 할수록 우리는 더 큰 슬픔에 직면하게 된다는 사실입니다. 영어 'sad'는 독일어 'satt'에서 온 말로 '포식하다', '배부르다'라는 뜻입니다.[1] 즉, 슬픔은 배부른 다음에 찾아오는 허무함 또는 권태를 뜻합니다. 욕망을 포식하면 배부른 만족이 찾아

1　이어령, 『흙 속에 저 바람 속에』(서울: 문학사상사, 2008), 27.

올 줄 알았지만 그 끝은 슬프게도 허무와 권태로 귀결됩니다. 욕망을 추구하는 사람들은 이렇게 슬픔에 직면합니다. 욕심을 내면 낼수록 자신 안에 남는 것은 허무함뿐입니다.

언젠가 한국 탐험대가 북극을 정복한 적이 있었습니다. 1827년 영국의 윌리엄 에드워드 패리William Edward Parry가 처음으로 북극 도전에 나선 후, 163년 동안 65개 팀이 도전했으나 성공한 팀은 17개 팀에 불과했습니다. 그러니 대단한 위업을 이룬 것입니다. 그런데 한국 탐험대 대장인 최종열씨는 자신이 북극을 정복한 순간의 소회를 한 일간지에 이렇게 고백했습니다.

> 1991년 5월 7일 새벽 1시 정각, 내가 지구촌 제1의 극지인 북극점에 서는 순간, 허무감 그리고 허탈감뿐이었다.
> 내가 무엇 때문에, 무엇을 얻기 위해 그 숱한 어려움을 겪으며 목숨까지 내던질 각오로 지구의 꼭짓점을 향해 3년이란 긴 세월을 허비했던가?[2]

이 같은 심리를 우리도 많이 경험합니다. 더 높이 오르고, 더 많이 가지면 만족할 줄 알았지만 좀처럼 만족은 없고 오히려 그 끝은 허무함입니다. 자살자들 중 높은 비율을 차지하는 한 부류가 성공한 사람들이라고 합니다. 자신이 목적한 꿈을 성취하는 순간 희열은 잠깐이고 허무와 상실감으로 극단적인 선택을 하는 경우가 꽤 있다는 겁니다.

---

2 이재철, 『내게 있는 것』 (서울: 홍성사, 2012), 14.

유명한 극작가인 오스카 와일드 Oscar Wilde는 꿈을 이루었을 때 느끼는 허무함에 대한 인간의 심리를 이렇게 정의했습니다.

> 인간의 가장 큰 불행은 두 가지이다. 하나는 꿈을 이루지 못한 것이고, 또 하나는 꿈이 이루어져 버리는 것이다.[3]

하나님을 배제한 채 꿈이라는 이름으로 포장된 세상의 욕망을 좇았을 때는 그 욕망을 이루지 못해도 불행을 느끼고, 그 욕망을 이루었어도 불행을 느끼게 됩니다. 이미 잘못된 방향으로 들어섰으니 어떤 결과를 만나도 불행으로 귀결될 수밖에 없는 것입니다.

SNS, 욕망을 부채질하다

이 시대에 욕망이 절제되기 힘든 이유 중의 하나는 이 시대의 환경이 욕망을 소비하기 쉬운 구조로 구축되어 가고 있기 때문입니다. 특히 SNS는 대표적인 욕망 분출의 플랫폼입니다. 지금까지 속박당하던 자아를 분출시킨다는 명분 아래 SNS는 욕망의 분출구이자 욕망을 사고 파는 시장 노릇을 하고 있습니다.

정지우 작가는 자신의 저서 『인스타그램에는 절망이 없다』(한겨레출판, 2020)에서 이 같은 현상을 지적했습니다. 그는 이 책에서 '전시욕망'이라는 단어를 언급하는데, 이는 사람들이 핫플레이스에서 사

---

3 김난도, 『천 번을 흔들려야 어른이 된다』 (서울: 오우아, 2012), 112.

진을 찍어 SNS에 올리는 심리를 가리킵니다. 자신을 드러내는 전시 욕망이 사진을 게시하는 동기가 되는 셈입니다. 그는 핫플레이스를 '표백 공간'이라고 지칭합니다. 우리의 삶에서 흔히 볼 수 있는 치열함과 초라함은 표백시키고 자신의 화려함만을 반짝이게 전시하는 공간이라는 뜻에서 이름 붙인 겁니다. 저자의 말에 따르면 SNS 상에서 시초를 다투듯 올라가는 게시물의 다른 이름은 욕망입니다. '좋아요'와 '댓글'이 무수히 달린 자신의 게시물을 보면서 자신의 영향력에 만족하고 싶은 심리입니다.

SNS는 욕망을 센스로 둔갑시키는 데 있어서 탁월한 기능을 가집니다. 우리 사회와 같이 체면치레가 강한 나라에서 순수하게 자신의 욕망을 풀어 놓았다가는 이미지가 크게 훼손될 가능성이 농후합니다.

"쟤, 뭐야? 또 지 잘난 척이야!"

그런데 SNS에 자신의 고급 물건과 값비싼 비용을 지불하고 즐긴 시간을 올린다는 것은 이미 SNS가 욕망을 마음껏 표출해도 낯부끄러움이 상쇄되는 공간으로 사용되고 있음을 증명한다고 볼 수 있습니다. SNS의 대중화와 함께 이 시대는 각 개인의 욕망이 심화되고 있는 실정입니다.

이것이 오늘날 그리스도인이 마주한 현실입니다. 하나님이 주신 삶을 선용하지 못하고 욕망으로 인해 자신에게 주어진 시간을 허비하도록 만드는 유혹에 직면하게 됩니다. 자신이 욕망의 포로가 된지도 모른 채 스스로를 현대적이고 세련된 사람이라고 인지하게 해 그것에 더 몰두하게 만들고 그 결과 인생의 아까운 시간들이 버려지고 있습니다.

이 굴레에서 우리는 어떻게 벗어날 수 있을까요?

세례 요한, 욕망을 이기는 비움

> 이르되 나는 선지자 이사야의 말과 같이 주의 길을 곧게 하라고 광야에서 외치는 자의 소리로라 하니라(요 1:23).

성경은 세례 요한을 '광야에 외치는 자의 소리'라고 부릅니다. 광야는 사막입니다. 사막에서 누군가가 소리를 지른다고 생각해 보세요. 그 소리는 아무런 영향력이 되지 못합니다. 광야에서 소리는 바로 묻혀 버리기 때문입니다.

그런데 사람들은 그의 소리를 들으려고 몰려옵니다.

> 온 유대 지방과 예루살렘 사람이 다 나아가 자기 죄를 자복하고 요단강에서 그에게 세례를 받더라(막 1:5).

'온' 유대와 예루살렘이 나왔다고 합니다. 이스라엘의 중심지에 살았던 사람들이 광야라는 외곽 지역으로 그의 메시지를 듣기 위해 몰려왔을지도 모릅니다.

마태복음에 보면 바리새인과 사두개인들이 요한에게 세례를 받고자 나올 정도였습니다(마 3:7). 바리새인과 사두개인은 앙숙 관계였습니다. 바리새인은 전통적 교리를, 사두개인은 급진적 사상을 추구했기 때문에 물과 기름처럼 섞이지 못했습니다. 그런데 이들이 요한에게는 같이 나옵니다. 그만큼 요한의 소리는 굉장한 영향력을 발휘했습니다.

이쯤 되면 요한의 마음에는 영향력에 대한 더 강한 욕망이 올라왔을지도 모릅니다.

'변방에서도 이 정도 영향력을 발휘할 수 있다면 더 중심부로 나가 볼까?'

그도 한 사람의 연약한 인간이기에 이런 욕망이 올라왔을지도 모릅니다. 사실, 그의 집안은 사독 계열의 정통 제사장 가문입니다. 소위 금수저 집안이었던 겁니다. 그의 인기와 명성, 집안의 배경까지 그는 소위 '난' 사람이었습니다. 그는 당대 종교계의 슈퍼스타였고, 오늘로 따지면 종교계의 BTS였습니다. 이처럼 그는 광야에서 금세 사라지는 소리로 살기에는 이미 갖춘 영향력이 너무 컸습니다. 마음만 먹으면 더욱더 유명한 인플루언서가 될 수 있었던 겁니다.

하지만 그는 광야에서 소리가 사라지듯 자연스럽게 예수님을 드러내고 사라졌습니다. 그리고 약속이라도 한 듯 요한이 무대에서 사라지자 예수님이 등장하십니다.

> 요한이 잡힌 후 예수께서 갈릴리에 오셔서 하나님의 복음을 전파하여 (막 1:14).

요한은 더 큰 영향력을 확보할 수 있는 배경과 능력을 지녔지만 오히려 욕망을 내려놓았습니다. 예수님의 소리가 잘 들리도록 자신이 낼 수 있는 소리의 볼륨을 줄였습니다. 오직 예수님의 소리만 들리도록 한 자기비움의 모습입니다.

요한이 욕망을 이겨 낸 동력은 한마디로 말하면, '비움'이었습니다. 자신을 "광야의 소리"로 인식한 요한은 더 큰 소리를 내자는 욕망을 비워 냅니다. 대신에 그는 거룩한 욕망을 가지게 되었는데 바로 소리의 질이었습니다. 큰 소리가 아닌 깨끗한 소리를 내고자 욕망했던 겁니다.

내 심령에 불순물이 가득하면 내 삶은 소리가 아니라 소음이 됩니다. 입술로 아무리 하나님의 말씀을 전하고 아무리 좋은 영적 권면을 해도 시끄러운 소음밖에 되지 못합니다.

> 내가 사람의 방언과 천사의 말을 할지라도 사랑이 없으면 소리 나는 구리와 울리는 꽹과리가 되고(고전 13:1).

초등학교에 다닐 때 리코더를 불던 기억이 납니다. 자주 리코더를 꺼내 불곤 했는데, 한참을 불다 보면 맑은 소리가 나지 않고 삑삑 거친 소리가 새어 나왔습니다. 리코더 안에 침이 가득 고여 있어 그런 소음이 발생한 겁니다. 침을 다 털어내고 리코더를 깨끗이 닦은 후에 다시 불면 비로소 다시 맑은 소리가 났습니다.

마치 요한의 심령은 침을 털어 낸 리코더의 내부와 같았습니다. 침을 털어 낸 리코더 내부에서는 소리가 공명되어서 울림이 일어났던 것처럼, 요한의 심령에서 세상의 불순물, 욕심, 정욕을 다 털어 내자 하나님의 말씀이 그 안에서 공명되어 큰 울림을 만들어 냈던 겁니다. 이 울림은 수많은 사람들을 깨워서 그리스도께 나아가게 만들었습니다. 이스라엘의 변방에서 일어난 울림은 이스라엘의 중심지를 훑고 지나가 영향력을 발휘했습니다. 그것은 소음이 아니라 소리였기에 선한 영향력을 끼칠 수 있었습니다. 욕망을 가질 때에는 탈이 나지만, 욕망을 비울 때에는 열매가 납니다. 이제 즉시 비워야 합니다. 그리고 즉시 신앙으로 채울 때 아름다운 열매를 볼 수 있을 겁니다.

즉시 삶으로 *Now Faith*

(1) 그대는 소음(noise)입니까, 소리(sound)입니까?
그대는 하나님의 소리(말씀)와 화음을 이루고 있습니까?
그대는 주변 사람들과의 관계 속에서 하모니를 이루고 있습니까?
그대가 미처 깨닫지 못하지만 어쩌면 소리가 아닌 소음을 유발하며 하나님의 마음을 아프게 하고, 주변인들에게 피해를 주지는 않았는지 돌아보아야 합니다.

(2) 욕망을 과다섭취 할수록 만족과는 거리가 먼 인생이 됩니다. 더 허무해지고 더 허탈해지며 결국은 인생을 허비하게 됩니다. 그대가 다이어트 해야 할 욕망의 대상은 무엇입니까? 무엇이 나의 욕망을 자극하고 있나요?

더 깊은 묵상을 위한 참고 성경 구절

민 11:34
눅 12:15
딤후 2:21-22
갈 5:24

제2장

깨지면 프라이, 깨뜨리면 병아리

> 누구든지 하나님의 뜻대로 행하는 자가 내 형제요 자매요 어머니이니라(막3:35).

차별화: 나다움 지키기

왜 남한테 장단을 맞추려고 하나. 북 치고 장구 치고 니 하고 싶은 대로 치다 보면 그 장단에 맞추고 싶은 사람들이 와서 춤추는 거여.

요즘 꽤 핫한 유튜버 박막례 할머니의 어록입니다. 집안의 막내딸로 태어나 '막례'라는 이름을 받았다고 합니다. 6.25로 인해 오빠 두 분이 돌아가셨고, 아버지는 집안에 아들이 없으니 가르칠 사람이 없다며 딸들에게 집안일만 시켰다고 합니다. '막례'라는 이름에는 그녀가 받아들여야 할 강요된 삶이 녹아 있었습니다. 장손을 공부시켜 출세시켜야 한다는 생각이 보편적이었던 시절에 막내요 여자로 태어났다는 것은, 억지로 공부를 포기하고 억지로 일하며 강요된 삶을 수용해야 하는 존재가 되었음을 의미합니다.

하지만 막례 할머니는 타고난 성격으로 철저히 자신의 '나다운' 인생을 살아갑니다. 세 남매를 낳고는 집을 나가 버린 남편, 그래서 막례 할머니는 파출부와 식당 일, 리어카 장사까지 안 해 본 일이 없을 정도로 고된 삶을 살아가셨습니다. 그러나 그 와중에도 할머니는 자신의 기준으로 삶을 살아갔습니다. 어려운 환경에도 자녀들을 포기하지 않았습니다. 그때 그 시절 젊은 여자가 홀로 아이를 키워 내는 상황에서 받았을 주변의 눈총은 매우 따가웠을 겁니다. 주변에서 훈수를 두는 사람들도 꽤 많았을 겁니다.

"에이~ OO 엄마, 왜 이렇게 살아! 저렇게 한 번 해 봐!"

그러나 남들이 뭐라고 해도 할머니는 꿋꿋하게 자신의 소견과 기준을 가지고 살아왔습니다. 고되고 지난한 그 삶 또한 곧 자신의 삶이었기 때문에 주변에서 '이렇게 살라 저렇게 살라'고 강요해도 자신의 것을 잃지 않았던 겁니다.

그 결과 할머니의 삶은 사람들에게 각광을 받습니다. 구글의 CEO 순다르 피차이Sundar Pichai가 할머니의 채널을 두고 "가장 영감을 주는 채널"이라고 극찬했고, 지난 4월에는 유튜브 CEO 수잔 워치스키Susan Wojcicki 가 할머니를 만나기 위해 한국을 찾았다고 합니다.[1] 할머니의 어록처럼 남의 장단에 춤추지 않고 내 장단에 맞추어 살아 내니 할머니 옆에 사람이 붙고 할머니의 삶을 존경하며 따르는 열매들이 생겨났습니다.

---

1 정아람, "유튜브 할매 박막례 '인생 안 끝났어, 희망 버렸으면 주위'", 중앙일보, 2019.5.30.

가족체계이론의 창시자 머레이 보웬 Murray Bowen은 차별화란 "주변 사람들의 압력과 별개로 자신의 삶의 목적과 가치를 정의할 수 있는 능력"[2]이라고 말했습니다. 그대는 나다움을 포기하라는 압력을 받은 적이 있었을지도 모르겠습니다.

하나님이 그대에게 주신 성향과 색깔, 가치관, 사명대로 살고 있나요?

아니면 사회와 타인의 강요에 따라가며 살고 있나요?

이 문제는 우리 인생에 있어서 매우 중요합니다. 하나님이 주신 '내'가 희미해지고 대신에 타인이 강요한 자아가 짙어진다면 결과적으로 나답지 못한 인생을 살게 되기 때문입니다. 그러한 인생은 의무와 강요에 의해 살기에 자신을 상실하는 인생이 될 가능성이 매우 큽니다.

우리 주변을 둘러보세요.

평생 남편의 속박에 못 이겨 남편이 요구한 자아로 살다가 황혼에 이르러 내 삶을 찾고 싶다며 이혼을 하는 아내 분들이 얼마나 많습니까. 또한, 고등학교 때까지 부모의 지시에 따르며 로봇처럼 살다가 성인이 된 이후 부모의 강압 아래서 더 이상 못 살겠다며 폭발하는 자녀들도 부지기수입니다. 두 유형 모두 자발적으로 자신이 추구한 인생이 아니라 타인이 강요한 자아로 살았기에 결국 탈이 난 것입니다.

---

2 피터 스카지로, 『정서적으로 건강한 영성』 강소희 역 (서울: 두란노서원, 2015), 119.

예수님의 자기다움 지키기

예수님은 열두 제자를 정식으로 세우시면서 본격적인 공생애 사역을 시작하셨습니다. 예수님은 식사하실 겨를도 없이 하루 종일 사람들을 돌보셨습니다. 바로 그때 예수님의 친족들이 예수님을 붙잡으려고 나옵니다. 그리고는 예수님께 "네가 미쳤다"라고 고함칩니다. 이 말은 귀신이 들렸다는 말입니다.

친족들이 예수님을 귀신 들린 자로 본 데에는 서기관들의 공이 컸습니다.

> 예루살렘에서 내려온 서기관들은 그가 바알세불이 지폈다 하며 또 귀신의 왕을 힘입어 귀신을 쫓아낸다 하니 (막 3:22).

예루살렘에서 내려온 서기관들은 예수님의 신학이 이단적이지 않은지 판단하기 위해서 유대교 총회에서 내려 보낸 신학전문가 집단이었습니다. 신학이 찬양하는 이가 예수님인데 이들은 그 신학을 가지고 예수님을 정죄하고 있는 겁니다.

"바알세불이 지폈다 하며"라는 말은 바알세불이 예수님께 내렸다는 말입니다. 바알세불은 귀신의 왕입니다. 그러니 이들은 예수님을 귀신의 왕이 들어간 비정상적인 상태로 여기고 있는 겁니다. 지금까지 귀신들이 예수님 앞에서 꼼짝하지 못한 것은 결국 귀신의 왕 바알세불 때문이라고 말한 것이지요.

이 당시에는 '마술'을 통해 귀신을 불러들일 수 있다는 일반적인 통념이 있었습니다. 미쉬나(율법을 문서화한 책)를 보면 마술을 행하는 사람은 돌로 쳐 죽이라는 조항이 있었습니다(미쉬나 산헤드린 7:4). 결국 서기관이 예수님을 귀신과 연관시킨 이유는 바로 이것이 목적이었습니다. 예수님을 마술사로 몰고 가서 그분을 죽여도 되는 정당성을 확보하기 위해서였습니다.

서기관들을 향한 말씀을 마치실 즈음에, 어머니 마리아와 동생들이 예수님을 찾아옵니다. 예수님이 미쳤다는 얘기를 듣고 고향으로 끌고 가기 위해 가족들이 총출동하게 된 겁니다.

예수님의 친족들과 서기관 무리들과 어머니 마리아와 동생들까지, 이들은 왜 이렇게 예수님을 공격하는 걸까요?

이에 대한 답을 피터 스카지로 Peter Scarzzero 목사는 『정서적으로 건강한 영성』(두란노, 2015)에서 이렇게 밝혔습니다.

> 예수님 당시 사람들은 예수님을 향해 자신들이 기대하는 거짓 자아의 모습을 요구했다. 하지만 예수님이 참 자신의 모습에 충실하시자 많은 사람이 실망을 감추지 못했다. 예수님은 아버지의 사랑과 그분 자신에 대한 확신을 가지고 계셨고 이것이 바탕이 되어 어마어마한 압박들을 이겨 내실 수 있었다. 가족들은 예수님이 목수의 아들로서 살아가기를 바랐지만 그분은 독립된 성인으로서 마음이 이끄는대로 소명을 따르셨다. 그 결과 가족들은 예수님이 미친 것이 아닌지 의심할 정도로 낙담했다.

세상은 예수님이 '세상이 강요하는 자아'를 수용하도록 압박했습니다. 그래야 예수님이 십자가의 구속을 성취하는 데 실패하도록 만들 수 있기 때문이었습니다. 예수님이 십자가의 대속에 관심을 끊고 결국에는 구속의 성취를 실패하도록 압박한 겁니다.

마귀가 광야에서 예수님께 던진 세 가지 시험도 이 목적과 결을 같이 합니다. 하나님이 주신 비전 대신에 세상에 대한 미련을 갖게 하고자 한 겁니다. 피터 스카지로 목사는 위의 언급된 책에서 예수님이 받은 마귀의 유혹 세 가지를 현대적으로 해석했습니다.

첫째, "돌이 떡덩이가 되게 하라" ⇨ "내가 하는 것이 곧 나다"(성과)
사탄은 성과주의의 유혹을 던진 겁니다. 자신 자체를 소중히 여기지 못하고 무슨 성과라도 내야 스스로도 자신을 괜찮다고 여기는 성과주의로 유혹한 겁니다.

둘째, "하나님의 아들이어든 뛰어 내리라" ⇨ "사람들이 생각하는 내가 곧 나다"(인기)
사탄은 예수님이 성전에서 뛰어내리면 사람들이 믿고 따를 것이라고 했습니다. 성공한 인생이란 인기와 명예를 쟁취한 인생이라는 겁니다.

셋째, "천하만국과 영광을 보여 주었다." ⇨ "내가 가진 것이 곧 나다"(소유)
사탄은 예수님께 "주변 사람들을 둘러보아라. 모두가 뭔가를 소유했다. 그런데 너는 정작 가진 게 없구나"라며 소유가 있어야 성공한 인생이라고 부추긴 겁니다.

이렇듯 사탄은 성과, 인기, 소유가 있어야 성공한 인생이라고 부추기며 예수님을 속이려 했습니다. 하나님이 주신 자아가 아닌 세상이 강요하는 자아로 살도록 해 십자가의 사명을 저버리도록 유혹한 겁니다. 그러나 예수님은 이 압박을 이겨 내셨습니다. 그래서 참 자기다운 모습으로 사셨습니다. 하나님이 제시하신 길을 걸어가셨습니다. 그 길은 십자가로 이어졌습니다. 이 십자가 덕분에 모든 인류에게 속죄의 길이 열렸습니다. 그러니 그대가 얻은 구원은 예수님이 세상이 강요하는 자아를 받아들이라는 압박을 이겨 내신 결과입니다. 한 사람이 '나답게' 산 결과는 이렇게 긍정적인 파생 효과를 일으킵니다.

저의 단점 중 하나는 남에게 보이는 이미지에 꽤 신경을 쓴다는 겁니다. 어떤 일을 진행하고 결정할 때면 "남들이 날 어떻게 생각할까", "난 어떤 평가를 받을까"라는 생각이 많아집니다. 그러니 온전히 나의 신앙과 철학과 가치관에 따라 결정하지 못하고 타인의 눈을 의식한 선택을 할 때도 있습니다. 돌이켜보면 이런 결정들은 저의 중심을 흔들고 일의 동력을 떨어뜨리는 원인이 되었습니다. 일단 내 중심에서 흘러나온 일이 아니기 때문에 일의 추진력이 느슨해지는 것은 당연한 결과였습니다. 또한, 이렇게 타인의 눈을 의식해 결정한다고 해서 항상 사람들의 박수를 받거나 호응을 얻는 것도 아니었습니다. 타인을 의식하는 괴로운 과정만 더해질 뿐 결국 결정에 대한 책임과 의무는 오롯이 제 몫으로 남습니다.

그대의 인생은 하나님이 그대의 존재로 살도록 주신 인생입니다. 조언과 충고를 수용하는 것은 지혜이지만, 타인의 눈치와 강요에 따라 사는 삶은 안타깝게도 열매 없는 삶이 될 확률이 높습니다. 이 시점에 그대는 막례 할머니의 자기 선언에 주목해야 합니다.

"왜 남한테 장단을 맞추려고 하나. 북 치고 장구 치고 니하고 싶은 대로 치다 보면 그 장단에 맞추고 싶은 사람들이 와서 춤추는 거여."

즉시 삶으로 *Now Faith*

(1) 건강한 자아는 경계가 뚜렷합니다. 주변 사람들과 통일성을 이루되, 타인의 '너'와 자신의 '나'의 경계를 구분하며 다양성을 갖는 것이 건강한 자아입니다. 강요받는 자아는 자신의 의지가 아닌 타인의 의지로 살아가고, 강요를 극복한 자아는 하나님이 각자에게 주신 그대로의 삶을 살아갑니다.
그대는 지금 누구의 의지로 살아가고 있습니까?

(2) 피터 스카지로 목사의 해석대로라면 마귀는 예수님답게 살지 못하도록 예수님께 성과, 소유, 인기에 대한 것들을 강요하며 유혹했습니다.
그대는 어떤 부분에서 강요를 받고 있습니까?
어떤 부분에서 즉각적인 극복을 해야 할까요?

더 깊은 묵상을 위한 참고 성경 구절

창 1:31
창 9:6
시 8:4-5
딤 4:4

제3장

질 좋은 사람

> 예수를 향하여 섰던 백부장이 그렇게 숨지심을 보고 이르되
> 이 사람은 진실로 하나님의 아들이었도다 하더라(막 15:39).

좋은 사람이 되는 것은 하나님과의 연합으로 가능하다

저는 큰 아이의 이름을 '조은'으로 지었습니다. 아내는 '조씨'가 조금 딱딱한 느낌을 준다며 이름을 외자로 지을 것을 제안했습니다. 그래서 성 뒤에 이름을 대보기 시작했습니다. '조단', '조연', '조빈' 등 말이지요. 그러다가 떠오른 이름이 바로 '조은'이였어요. 단순합니다. 좋은 사람이 되라는 뜻에서였습니다.

제 아들이 학생일 때는 '조은(좋은) 학생'이 되고, 제 아들이 성도로서는 '조은(좋은) 성도'가 되겠지요. 혹시라도 나중에 목사가 되면 '조은(좋은) 목사'가 될 것이고요. 뿐만 아니라 저도 덩달아 '조은(좋은) 아빠'가 되고, 은이의 선생님도 '조은(좋은) 선생님'으로 불릴 테니 주변 사람들에게도 복이 되는 이름인 셈입니다. 좋은 사람이 되는 것. 저희 부부뿐만 아니라 모든 부모의 가장 큰 바람이 아닐까요.
　이것은 우리를 향한 하나님의 소원이기도 합니다. 하나님은 우리가 좋은 사람이 되길 원하십니다. 하나님은 좋으신 분이니 우리 또한 좋은 백성이 되길 바라십니다. 그러므로 좋은 사람이 되는 것은 하나님께 기쁨이 되고 개인에게 있어서도 최고의 만족을 누리게 하는 일입니다. 게다가 좋은 개인이 모인 사회는 좋은 사회가 될 테니, 그대가 좋은 사람이 되는 것은 매우 가치 있는 일입니다. 그런데 좋은 사람이 되기 위해서는 어떻게 해야 할까요?

　　제육시가 되매 온 땅에 어둠이 임하여 제구시까지 계속하더니(막 15:33).

　히브리 시간의 제육시는 우리 시간으로 오후 3시를 가리킵니다. 오후 3시는 훤한 대낮인데 "온 땅에 어둠이 임하"는 이상한 일이 벌어졌습니다. 이 비정상적 어두움은 인류의 망가진 상태를 뜻합니다. 하나님의 아들을 거부하고 욕망을 추구한 인간들의 본성은 이미 어두워진 상태입니다. 그 결과 오늘날 자살, 중독, 가정 파괴, 관계 파괴 등 수많은 어두움이 이 땅을 덮고 있습니다. 이렇게 된 것은 전적으로 사람 탓입니다. 좋은 사람으로 창조된 인간 존재가 나쁜 사람이 된 결과가 어둠입니다.

　　예수께서 큰 소리를 지르시고 숨지시니라 이에 성소 휘장이 위로부터 아래까지 찢어져 둘이 되니라(막 15:37-38).

예수님이 돌아가시자 성소의 휘장이 찢어졌습니다. 성소의 휘장이 찢어진 후 매우 놀라운 일이 벌어졌습니다.

> 이에 성소 휘장이 위로부터 아래까지 찢어져 둘이 되고 땅이 진동하며 바위가 터지고 무덤들이 열리며 자던 성도의 몸이 많이 일어나되 (마 27:51-52).

성소의 찢어진 휘장 사이로 성전에 가득 찬 하나님의 영광이 세상에 퍼지게 되었습니다. 그 결과 땅이 진동하고 바위가 터지며 죽은 사람이 부활했습니다.

도대체 하나님의 영광에 어떤 힘이 있길래 이 같은 일이 발생한 것일까요?

어윈 라파엘 맥머너스Erwin R. McManus의 저서 『멈출 수 없는 하나님의 운동력』(국제제자훈련원, 2003)에 의하면 영광이라는 단어는 '농도'(density)에서 나왔다고 합니다. 'density'는 흔히 밀도라는 말로 자주 쓰이며 기본적인 뜻은 물질의 단위 부피당 질량을 의미합니다. 우리가 흔히 미세먼지의 양을 말할 때 '미세먼지 농도'로 표현합니다. 미세먼지 농도가 높을수록 미세먼지의 질량이 높음을 의미하듯이 하나님의 존재적 농도는 가장 높아서 하나님은 모든 것에 있어서 최고점을 가리킵니다. 그분의 지혜는 농도 100퍼센트의 지혜이고, 그분의 능력도 농도 100퍼센트의 능력이며, 그분의 선하심도 농도 100퍼센트의 선하심이라는 겁니다.

우리가 부도덕한 사람을 가리킬 때 "저 사람은 질이 안 좋네"라고 말합니다. 죄로 타락한 인간의 존재적 농도는 매우 낮아서 모든 면에서 형편없습니다. 그러나 하나님은 모든 것에 있어서 최고점입니다. 그러므로 하나님의 존재성의 최고 밀도를 자랑하는 것이 바로 하나님의 영광입니다. 다른 어떤 존재와 비교도 할 수 없을 만큼 탁월한 존재적 밀도를 가진 것이 하나님의 영광입니다.

그런데 이 영광이 찢어진 휘장 사이로 새어 나가 세상 곳곳에 퍼지게 되었고, 그 결과 땅이 진동하고 바위가 터졌으며, 죽은 사람이 살아나는 생명의 역사가 일어나게 된 겁니다. 그 영광의 비췸을 당한 자연도 사람도 놀라운 질적 변화를 겪게 됩니다.

이런 사실은 인류가 좋은 사람이 되는 방법에 대한 결정적 키가 됩니다. 그것은 바로 하나님과의 연합입니다. 나뭇가지가 뿌리의 영양을 받아 열매를 맺듯이 최고의 밀도를 소유하신 하나님과 연합하게 될 때 그분의 존재적 밀도로부터 양질의 영양을 공급받은 사람은 좋은 사람이 될 수 있습니다. 싹이 온갖 비바람 속에서도 뿌리의 영양을 공급받아 결국 열매를 맺듯이 인간 또한 타락한 세상 속에서 하나님을 뿌리 삼아 그 양분을 온전히 흡수하는 겁니다. 이를 위해서 그대는 즉시 하나님의 존재 앞에 나아갈 것을 요구 받습니다.

좋은 사람이 되는 것에 쉬운 길을 찾지 말자

그런데 이 일은 쉽지 않습니다. 여기에 사상적 유혹이 있기 때문입니다. 앞서 언급했던 타샤 유리크의 『자기통찰』에서는 자신을 성찰함에 있어서 자존감이라는 심리학적 용어가 얼마나 많은 방해가 되는지를 설명하고 있습니다.

그녀의 설명을 요약하면 다음과 같습니다.

매슬로가 주장한 '욕구단계이론'에서 욕구의 최상위 단계는 '자아실현의 욕구'입니다. 그런데 매슬로도 자아실현을 이루는 것은 매우 어렵다고 주장했다는군요. 그런데 편리하게도 자존감은 자아실현의 욕구의 바로 한 단계 아래 위치했습니다. '자아실현의 욕구'가 5단계이고, 자존감이 포함된 '존경의 욕구'가 그 아래인 4단계에 위치해 있습니다. 이 두 단계에 차이점이 있다면 자아실현의 욕구를 충족하기 위해서는 매우 큰 노력이 필요한 반면, 자존감의 욕구는 큰 노력 없이 사고방식만 바꾸면 충족되는 단계라는 겁니다.

즉 자아실현은 행동의 변화를 통해서 실현될 수 있지만, 자존감은 생각의 변화만으로도 실현될 수 있는 욕구라는 말입니다. 이처럼 매슬로의 이론은 사람들에게 간편히 자존감을 세워 주는 방식을 알려 주게 되었습니다. 그 결과 이런 자존감 이론은 삽시간에 인기를 끌게 되었고, 지금까지도 자존감을 세우는 일은 성공의 요인에 있어서 큰 비중을 차지하고 있습니다.

그런데 얼마 가지 않아 심리학자 로이 바우마이스터Roy F. Baumeister가 자존감 이론의 허구성을 밝혀 냈다고 합니다. 그는 처음에 자존감 이론의 신봉자였습니다. 사람이 자신을 좋은 존재로 인식함으로 더 좋은 존재가 될 수 있다고 굳게 믿은 겁니다. 그러나 오랜 연구 끝에 그는 자존감이 사회적 문제를 도출한다는 내용의 논문을 발표했습니다. 자존감이 행복과 성취를 결정 짓는 핵심이 아니고 오히려 자존감이 높을수록 더 많은 문제를 야기한다고 주장했습니다.

일례로 크리스틴 그로스-노Christine Gross-Loh는 자신의 저서 『세상의 엄마들이 가르쳐 준 것들』(부키, 2014)에서 음악 교사인 줄리아의 말을 인용하며 과도한 자존감 신봉이 오히려 아이들의 교육을 망칠 수 있음을 주장합니다.

줄리아는 부모들이 아이가 실제로 얼마나 잘 할 수 있는지에 상관없이 칭찬을 듬뿍 해 주면 아이들의 자존심이 커질 것이라 생각한다고 말했다. 그러나 줄리아는 이를 믿지 않는다.
"자존감은 당신이 얼마나 멋진 사람인지 말해 준다고 생기는 것이 아니에요."
줄리아는 말했다.
"자존감은 무언가를 극복하고 어려운 일을 포기하지 않고 끝내는 과정에서 생겨나는 겁니다."
줄리아는 어른의 무분별한 칭찬이 아이에게 실제로 어떤 메시지를 보낼지 걱정한다. 줄리아는 말했다.
"어떤 아이들에게는 끊임없이 이어지는 칭찬이 역설적 영향을 주는 건 확실합니다. 아이들은 '나는 약하고 쓸모없는 아이임이 분명해. 그렇지 않다면 부모님이 왜 이렇게 반대로 생각하게 하려고 노력하겠어?'라고 받아들이게 돼요."

줄리아처럼 인간 존재에 조금만 관심을 가지면 존재의 문제가 단순히 몇 마디의 긍정적인 말을 통해 개선될 수 있는 성격의 것이 아님을 알게 됩니다. 예를 들어, 길을 가다 우연히 새똥을 맞은 사람에게 "너 냄새 안나. 너에겐 향기가 난다구. 그 사실을 믿어. 믿는 대로 될 테니"라고 말했다고 가정해 봅시다. 그 말을 들은 사람은 오히려 자기에게 냄새가 심각하게 난다는 것을 간파하고 얼굴이 빨개지고 부끄러워지게 될 겁니다. 마찬가지로 자녀는 스스로도 자신이 좋은 상태가 아님을 정확히 파악하고 괴로워하고 있는데 그 상황에서 사실이 결여된 부모의 긍정적인 말은 오히려 자녀의 자존감을 무너뜨리는 독이 됩니다.

이렇게 심리학자 로이 바우마이스터나 음악 교사 줄리아처럼 인간 존재에 통찰을 가진 사람들은 조금만 관심을 기울여도 좋은 느낌을 수용하는 것을 통해 인간 존재의 질을 개선할 수 있다는 사실이 허구임을 금방 알게 됩니다. 어떻게 하나님의 형상을 가진 인간 존재가 몇 마디 말로 존재의 질이 향상될 수 있겠습니까.

긍정적인 말을 듣고 좋은 자존감을 느끼면 좋은 존재가 되는 겁니까?

전혀 그렇게 될 수 없습니다. 이것을 믿는다면 그것은 자신을 속이는 겁니다. 인간 존재의 향상을 그렇게 몇 마디의 말로 쉽게 할 수 있다면 예수님도 굳이 우리를 위해 십자가에 못 박히시지 않아도 됐을 겁니다. 그런데 예수님은 인간 존재의 향상을 위해서 인류를 대신해 십자가에 못 박히셨습니다. 그만큼 인간 존재의 향상은 느낌을 수용하는 일 따위론 해결할 수 없다는 것을 말하는 겁니다.

기독교의 대표적인 지성으로 알려진 알리스터 맥그래스의 주장 또한 궤를 같이 하고 있습니다. 그는 자신의 저서 『자존감』에서 자아 긍정을 인간 존재 향상의 해결법으로 보는 일반 심리 치료를 비판하는데, 그가 비판한 이유는 그것이 죄책과 회개를 무시하기 때문이라고 합니다. 죄책으로 인해 인간 본성 자체에 문제가 생겼습니다. 이것은 인간의 상태가 근본적으로 변질된 상태를 의미합니다. 그러므로 인간을 구원하기 위해서는 인간 본성을 변화시킬 수 있는 대대적인 작업이 필요합니다.

다시 말해 인간은 죄의 오염으로 인해 변질되었기 때문에 회심을 통해 죄의 문제를 해결함으로 인간 존재를 향상시킬 수 있다는 겁니다. 하나님은 인간에게 회심하고 하나님께 돌아올 수 있는 길을 확보하기 위해 하나님의 아들이 희생되어야 하는 일까지 감수하셨습니다. 그러므로 맥그래스는 인간 스스로가 자신을 긍정하는 방법을 통해 인간 존재를 향상시킬 수 있다는 일반 심리 치료 방법을 비판한 겁니다.

이렇게 다양한 분석을 통해 자존감 이론이 허구로 밝혀졌지만 지금도 여전히 대부분의 사람들이 자존감을 귀하게 다루는 이유를 타샤 유리크는 이렇게 밝힙니다.

> 멋지고 특별한 사람이 되기보다는 멋지고 특별하다는 느낌을 고수하기가 더 쉽기 때문이다.

타샤 유리크의 분석은 날카롭습니다. 현대 사회는 좋은 사람이 되기 위한 방법을 느낌의 문제로 환원시켜 버렸습니다. 이 방법이 쉽기 때문입니다. 존재를 바꾸는 것보다 느낌을 인식하는 방식이 더 쉽기 때문입니다. 이렇게 이 시대는 사상적 주도권을 쥐고 사람들을 속이고 있습니다. 자존감만 회복되면 좋은 사람이 될 수 있다는 공식이 사회적 합의처럼 여겨지기에 신앙인들조차 하나님을 찾는 노력이 아니라 더 좋은 자존감의 느낌을 받는 데 몰두하고 있습니다.

그러나 좋은 사람, 더 나아가 좋은 신앙인이 되기 위해서는 느낌을 갖는 데서 그치는 것이 아니라 실제적인 노력이 필요합니다. 경건의 훈련과 노력을 통해 하나님과 연합될 때에만 좋은 사람이 될 수 있습니다.

신령하고 영적인 구호가 적힌 예배당에 앉아 있다고 해서 좋은 예배자가 되는 것은 아닙니다. 좋은 예배자가 되기 위해서는 좋은 예배를 드려야 합니다. 아침마다 거울을 보며 '넌 좋은 사람이 될 거야'라고 외치는 쉬운 방식으로는 좋은 사람이 되지 못합니다. 좋은 사람이 되기 위해서는 뼈를 깎을 정도의 고된 인격의 연마를 해야 합니다. '평화와 사랑'이라는 가훈을 적어 놓은 수많은 가정이 얼마나 많은 이혼과 분열을 겪고 있습니까. 평화와 사랑의 가정을 만들기 위해서는 가족 구성원들이 인내하고 배려하는 헌신이 요구됩니다.

그러므로 좋은 사람, 좋은 공동체가 되는 것은 느낌과 생각만으로 성취되지 않습니다. 그것을 이루기 위해서는 실질적으로 수고해야 합니다. 끝없는 유보의 습관을 끊어 내고, 즉시 경건의 훈련을 통해 참 신앙으로 나아가야 합니다. 그렇게 고밀도의 존재가 되시는 하나님 앞에 나아갈 때, 그리고 그분의 임재 안에서 존재와 존재가 마주할 때 우리는 질 좋은 사람이 될 수 있습니다.

그대여 이제 느끼는 것을 '중단'하고 즉시 신앙, 즉시 경건 훈련을 시작해 보길 바랍니다.

즉시 삶으로

(1) 인간을 창조하신 분은 하나님이십니다. 그러니 인간의 존재적 질을 결정하는 것은 철저히 하나님께 달려 있습니다. 그런데 세상은 하나님을 결여한 채로도 인간의 질을 향상시킬 수 있다고 자부해 왔습니다. 인권의 신장, 문명의 발달, 자존감의 인식 등의 방법으로 인간의 질을 높였다고 자부합니다. 하지만 정신병원과 상담소를 내방하는 것이 일상이 된 현대인들의 모습은 세상의 방식으로 인간의 질을 향상하려는 모든 시도가 무위로 돌아갔음을 증명합니다.
그대는 무위로 돌아갈 수밖에 없음에도 미련을 떨치지 못하고 추구하고 있는 것이 있나요?

(2) 좋은 사람이 되는 것은 하나님과의 연합으로만 가능합니다. 그대가 하나님과의 연합을 위해서 지금 바로 시도하고 해 나가야 할 일들은 무엇인가요?

더 깊은 묵상을 위한 참고 성경 구절

잠 22:4
요 15:1-5
딤전 4:7-8
약 1:27

공동체

"복음은 그것을 믿고 그것으로 사는 남녀로 이루어진 회중 안에서 구체적인 실체로 나타나도록 되어 있다."

낸시 피어시(『완전한 진리』, 복 있는 사람)

제4장

혐오에 분노하라: 수용공동체

> 예수께서 불쌍히 여기사 손을 내밀어 그에게 대시며 이르시되 내가 원하노니 깨끗함을 받으라 하시니(막 1:41).

혐오, 상실의 시대를 활짝 열다

오늘날 혐오는 광범위하게 확장되고 있습니다. 예전만 하더라도 혐오의 대상은 매우 제한적이었으나 지금은 남성과 여성을 혐오하는 젠더혐오, 다른 세대를 혐오하는 세대혐오, 특정한 집단을 혐오하는 집단혐오 등으로 확산되고 있습니다. 또한, 맘충, 빠충, 한남충, 진지충, 급식충 등 사람을 벌레로 비하하는 문화가 보편화할 정도로 빠르게 퍼지고 있습니다. 오늘날 대한민국의 현주소를 짚어 주는 핵심 키워드를 '혐오'로 정해도 과하지 않을 것 같습니다.

그런데 이런 혐오 현상은 돌고 돌아 결국 우리에게 부메랑으로 돌아옵니다. 특정 대상을 혐오하는 것은 전체 중에서 일부분을 혐오하는 것으로, 결과적으로는 상실을 발생시키기 때문입니다.

제 아들은 여섯 살인데 야채를 혐오합니다. 그래서 김밥을 먹어도 야채를 다 빼고 먹습니다. 그 결과 아이는 김밥 전체의 맛을 음미하지 못합니다. 이처럼 우리 사회 속에서 발생하는 혐오는 부분을 상실시키는 것이기에 그 피해는 고스란히 사회 전체가 받게 됩니다.

유대인들은 세상을 두 개로 구분했습니다. 한 곳은 '진 안'이었고, 또 한 곳은 '진 밖'이었습니다. 진 안에 속한 자들은 병에 걸리지 않은 정결한 자들이었고, 진 밖에 격리된 자들은 병에 걸린 부정한 자들입니다. 이들은 정결성을 변질시킨다는 이유로 진 밖으로 쫓겨났고 극도의 혐오 대상이 되었습니다. 그 결과 이스라엘은 공간과 사람을 상실해야 했습니다. 진 밖이라는 공간은 버려진 땅으로 상실되었고, 진 밖에 속한 사람은 부정한 병에 걸렸다는 이유로 배제되었기에 전체 사회는 그들을 상실한 것이었습니다. 이들은 누군가의 가족이며 친구였습니다. 그러니 이들에 대한 혐오와 배제는 누군가의 가족과 친구를 상실한 결과를 초래하게 되었습니다.

오늘날 혐오가 들불처럼 번지고 있는 한국 사회는 결국 전체 중의 일부를 상실하고 있는 중입니다. 혐오가 확산될수록 상실의 시대는 더 활짝 열리고 있는 겁니다.

저항, 배제된 개인을 보호하라

한 나병 환자가 예수님께 와서 "저를 깨끗하게 하실 수 있나이다"라며 치료를 간청합니다(40절). 이에 예수님도 '깨끗함을 받으라'(41절)라고 말씀하십니다. 나병 환자가 '고쳐주세요'라고 말하지 않고 '깨끗하게 해 주세요'라고 말한 점, 예수님 역시도 '깨끗함'을 언급하신 점을 주목해야 합니다. 보통의 병은 치유를 요구하기 마련인데, 아마도 나병은 피부질환이기 때문에 깨끗함을 요청한 것으로 보입니다.

그런데 깨끗함이 강조된 이유는 피부질환 환자가 느끼는 마음의 고통이 상당했음을 표현하고 있는 겁니다. 피부질환은 증상이 외형적으로 나타나기에 나병 환자는 육체적 고통보다는 사회적 시선으로 인한 고통이 더 컸을 겁니다. 이 당시 나병 환자들은 변두리에 따로 만들어진 군락(진 밖)에 나가서 살아야 했습니다. 겉으로 보이는 모습 때문에 저주와 수치의 상징처럼 여겨져 격리를 당한 겁니다.

나병 환자의 간청을 들은 예수님이 보이신 첫 반응은 그를 향한 긍휼이었습니다. "예수께서 불쌍히 여기사"(41절). '불쌍히 여기다'로 번역된 헬라어 오르기스데이스^{ὀργισθείς}는 분노하다 be angry라는 뜻을 가집니다. 저명한 성경 학자인 R.T. 프란스 R.T. France에 따르면 이 표현은 예수님이 나병 환자가 아닌 그를 배제하고 혐오한 사회를 향해 분노하신 것이라는 식의 주장을 했습니다.[1]

---

1 R.T 프란스, 『NIGTC 마가복음』, 이종만 외 2명 역 (서울: 새물결플러스, 2017), 208. R.T 프란스는 예수님이 "사회적 금기의 무감각함"에 대해서 분노하셨다고 기술했는데, 이는 나병 환자를 배제하고 혐오하는 금기의 문화에 대해 무감각해 이런 현상을 방치하고 있는 사회를 향해 분노하셨다고 이해할 수 있다.

혐오의 시대에 그리스도인의 태도는 분노여야 합니다. 사회가 쉽게 혐오를 수용하는 것에 대해서 분노로 저항해야 합니다. 분노로 혐오가 정당하지 않음을 표현해야 합니다. 혐오와 배제의 정서가 이 사회에 자연스럽게 녹아들지 않도록 즉시 나서서 분노로 저항해야 합니다.

수용, 통합의 시대를 활짝 열다

화를 내신 예수님은 이제 이 문제를 본격적으로 해결하십니다.

> … 손을 내밀어 그에게 대시며 이르시되 내가 원하노니 깨끗함을 받으라 하시니(막 1:41).

사회를 향해 분노하셨던 예수님이 나병 환자에게는 손을 대시며 깨끗함을 받으라고 선포하십니다.

율법에서 부정한 자에게 손을 대는 것은 금지 사항입니다. 정결규례에서 어긋나는 행동이지요. 만지는 순간 부정하게 되니 엄격하게 금지되어 있었습니다. 그런데 예수님은 이걸 아시면서도 의도적으로 손을 대십니다.

왜 예수님은 말씀의 능력으로 선포하실 수 있으면서도 굳이 손을 갖다 대는 모습을 보여 주셨을까요?

그 답은 사회에 깔린 혐오와 편견의 정서를 해소하기 위한 목적이었습니다.

김왕배 교수는 자신의 저서 『김왕배의 감정과 사회』(한울아카데미, 2019)에서 혐오 용어의 뿌리는 다윈이 관찰한 "맛에 대한 불쾌감"에서 뿌리를 찾아볼 수 있다고 했습니다. 진화생물학적 측면에서 볼 때 혐오는 특정한 음식을 역겨움을 통해 거부함으로써 자신의 신체를 보호하려는 생체 조직의 진화 상태라고 설명한 것이지요. 그래서 저자는 혐오 감정은 불쾌한 대상으로부터 자신을 보호하려는 감정에서부터 시작되었다고 말합니다.

이에 대한 역사적 사례를 찾자면 유대인 집단 학살이 있습니다. 유대인 집단 학살은 독일 사회의 자기 보호에서 시작되었다고 할 수 있습니다.

> 1930년대의 독일에서 인구의 5퍼센트도 안 되는 유대인이 가진 재산이 독일 총 재산의 90퍼센트였다니 이래저래 그들은 유럽인들에게 있어 미운털이 박힌 오리새끼였다.[2]

> 1차 세계대전에 하사관으로 참전한 히틀러는 패전 독일 경제를 재건하는 데 유태인들이 도움을 주기는커녕 오히려 해를 끼쳤다고 보았다.[3]

당시 독일 사회의 분위기는 "독일의 패전을 유태인 탓으로 돌리는 풍조가 팽배"[4]했습니다. 이런 점을 미뤄 보건대, 독일 경제를 주름잡고 있었던 유대인들로부터 자기 민족을 보호하기 위해 독일 사회는

---

2   전종돈, "유대인을 증오한 이유", 뉴스앤조이, 2006.08.01.
3   조화유, "히틀러가 유태인을 증오한 진짜 이유는?", 조선pub, 2014.08.06.
4   조화유, "히틀러가 유태인을 증오한 진짜 이유는?"

유대인들을 혐오하기 시작했던 것 같습니다. 그리고 그 감정은 집단 학살로 표출되었던 겁니다.

서두에 저희 아이의 이야기를 했는데요. 저희 아이가 야채를 혐오하는 것도 일종의 자기 보호라는군요. 저희 아이는 안전에 대한 예민함이 있습니다. 그래서 남자 아이치고 겁도 많고 몸조심도 잘합니다. 또래 애들이 엄마 시선을 피해 놀 곳을 찾아 돌아다닐 때, 저희 아이는 엄마의 시선 안에서만 놀더군요. 모두가 안전에 대한 예민함에서 발생된 모습입니다. 그러니 야채에 대한 혐오도 자기 몸을 보호하려는 자기 보호라는 겁니다. 이렇게 혐오는 자기 보호의 욕구로부터 시작됩니다.

하지만 자기 보호는 무지와 편견으로부터 발생한 결과였습니다. 야채가 몸에 좋다는 사실에 무지할 때 아이는 야채로부터 자신을 보호하기 위해 야채를 혐오합니다, 유대인들이 독일 사회를 허무는 세력이라는 편견을 가질 때 독일 사회는 유대인들로부터 자신들의 사회를 보호할 목적으로 유대인들을 혐오하기 시작했습니다. 그러므로 혐오는 무지와 편견 속에서 자랍니다. 정확한 사실을 인식하면 혐오 감정이 들어설 자리를 잃게 됩니다. 그러므로 혐오를 해결하는 방법은 정확히 이해하고 선입견을 버리는 것입니다. 야채를 먹은 후 막상 맛있고 괜찮은 음식임을 경험할 때 편견은 극복되고 자연스럽게 혐오의 감정도 사라지게 되는 법입니다.

예수님은 유대인들의 편견과 무지를 해소하기 위해 나병 환자의 옷가에 손을 대십니다. 이들이 유대 사회를 허물 사람들이 아니라 유대 사회의 일부분을 구성하며 유대 사회를 든든히 떠받치고 있는 일원임을 보여 주기라도 하시는 듯 그에게 손을 내미셨던 겁니다.

지금까지 유대인들은 예수님이 오심으로 이미 율법 시대가 종결됐음에도 전염병을 매개로 취약한 자들을 배제하고 혐오했습니다. 그들의 편견과 무지는 그들 전체 중의 일부를 상실하는 결과를 초래했습니다. 이런 의미에서 유대 사회는 자기 보호에 실패했습니다. 전체 중의 일부를 보호하지 못하고 오히려 배제함으로 그들 전체 사회의 일부는 사실상 상실되었기 때문입니다.

예수님이 나병 환자에게 손을 대신 행동은 유실된 일부를 다시 유대 사회로 편입시키는 사회 수용 선언의 순간이었습니다. 이로 인해 분열된 유대 사회는 봉합되고 하나 되었습니다. 예수님이 한 나병 환자에게 손을 내미시고 치유하신 사건은 사회 분열의 요소를 제거하고 통합의 길로 나아가게 하는 기폭제가 되었습니다.

이 기폭제는 유대 사회에 건설적인 변화로 이어집니다.

> … 오직 바깥 한적한 곳에 계셨으나 사방에서 사람들이 그에게로 나아오더라(막 1:45).

프란스에 의하면 예수님이 나가신 '바깥 한적한 곳'은 본래 나병 환자가 있던 곳이라고 합니다. 유대인들이 지금까지 배제하고 혐오했던 지역에 그들 스스로 나가게 되었습니다. 전에는 차별받는 땅이어서 정상적인 사람들은 이곳에 들어가지 않았지만 예수님이 그곳에 들어가시니 유대인들 또한 그곳에 들어갑니다. 이렇게 예수님은 사회 통합의 중심이 되셨습니다. 예수님이 계신 곳에는 분열이 그칩니다. 예수님이 계신 곳에는 통합이 일어납니다. 분열의 통합은 오직 예수님으로만 가능합니다.

이재철 목사는 자신의 저서 『비전의 사람』(홍성사, 2004)에서 사도행전 6장의 집사 선출에 대해 관찰하면서 매우 중요한 대목을 소개합니다. 선출된 집사는 모두 헬라파 유대인들이었습니다.

왜 히브리파는 안 세우고 헬라파만 세웠을까요?

히브리파 유대인들은 늘 유대 지역 안에서만 살았습니다. 그래서 이방인들을 혐오했습니다. 그들이 누구인지, 어떤 사람인지를 전혀 알지 못하면서 무시했던 겁니다.

그러나 헬라파 유대인들은 세계 이곳저곳을 돌아다녔습니다. 그래서 이방인들이 혐오 대상이 될 만큼 나쁜 이웃이 아님을 경험을 통해 배우게 되었습니다. 그러니 타인에 대한 개방성과 수용성이 히브리파 유대인들보다 훨씬 좋았다는 것이지요. 그러니 이방인에 대한 혐오 감정을 극복해 본 헬라파 출신들이 교회 전체를 이롭게 할 수 있다는 판단이 있었다는 겁니다.

혐오의 시대 속에서 하나님이 사용하시는 자들은 수용하는 자들입니다. 배제가 대세가 된 오늘날의 사회 구조 속에서 차별받는 대상을 온 몸으로 기꺼이 껴안으며 수용하는 자들을 하나님은 지금도 찾고 있습니다. 이제 즉시 그대의 삶에서 포용과 수용이 시작되길 바랍니다.

즉시 삶으로   *Now Faith*

(1) 예수님은 혐오를 쉽게 수용하는 사회를 향해 분노하셨습니다. 이것은 단순히 감정적 분출이 아닌 혐오를 받아들이지 않겠다는 저항의 의지를 보이신 것입니다.
그대는 혐오와 배제의 정서에 순응합니까, 저항합니까?
그리스도인들의 저항은 혐오로 가득 찬 사회를 변화시킬 수 있는 촉진제가 됩니다.

(2) 코로나19로 사람들의 '마음의 거리'가 벌어지고, 특정 대상과 집단에 대한 혐오와 격리 현상도 나타나게 되었습니다. 예수님은 사람들이 혐오해서 격리시켰던 나병 환자에게 일부러 손을 대시며 치료해 주십니다. 그 결과 나병 환자를 격리시켰던 장소인 "바깥 한적한 곳"으로 사람들이 나아가는 사회적 변화를 일으키게 되었습니다.
오늘 내가 손을 내밀어야 할 대상은 누구입니까?
그대의 손을 내미는 행동이 크고 작은 변화를 일으킬 수 있습니다.

더 깊은 묵상을 위한 참고 성경 구절

레 12:1-8
마 4:15
막 5:25-34

제5장

당신이 이겨야 한다: 공생 공동체

> 예수께서 그들의 믿음을 보시고 중풍병자에게 이르시되 작은 자야 네 죄 사함을 받았느니라 하시니(막 2:5).

Win – Win 구조

    몇 년 전 2주 정도의 일정으로 미국에 다녀온 적이 있습니다. 저녁 식사를 하기 위해 한 식당을 찾았습니다. 그 자리에는 미국에서 20년 넘게 거주하신 목사님이 동행하셨는데 그분은 주문하자마자 종업원에게 바로 팁을 주시는 것이었습니다. 제게는 낯선 문화였지만 주는 사람도 받는 사람도 굉장히 자연스러워 보였습니다. 나를 위해서 서비스를 해 주는 사람이니 팁을 주는 것이 당연하고, 팁을 주면 서비스의 질도 더 좋아진다고 목사님은 말씀하셨습니다.

    한국으로 돌아온 후 어느 날 식당에 갔는데 저보다 한참 어려 보이는 청년이 서빙을 하고 있었습니다. 측은한 마음도 들고 대견한 마음도 들어 팁을 주고 싶었지만 이 문화에 익숙하지 않은 저로서는 어색해서 끝내 주지 못했습니다. 그래도 마음이라도 표현하고 싶어 "추운 날 정말 고생이 많습니다. 잘 먹겠습니다. 감사합니다"라는 말로 고마운 마음을 표현했습니다.

그런데 웬걸요. 서비스의 질이 달라지더군요. 처음에 들어갈 때만 하더라도 그다지 손님을 반기지 않는 표정과 태도를 보였는데, 따로 요청하지 않아도 부족한 반찬을 먼저 가져다주는 것이었습니다. 아마 초반에 더 용기를 내어 팁까지 주었더라면 임금님 대우를 받을 뻔했습니다. 저는 이 경험을 통해 동서를 막론하고 섬김은 섬기는 자와 섬김을 받는 자 모두에게 플러스가 된다는 사실을 몸소 깨닫게 되었습니다.

숀 코비 Sean Covey는 자신의 책 『성공하는 10대들의 7가지 습관』 (김영사, 2005)에서 자신과 타인의 관계를 네 가지로 분류합니다.

첫째, 승-패: 내가 이기고 타인이 지는 것
둘째, 패-승: 내가 지고 타인이 이기는 것
셋째, 패-패: 함께 지는 것
넷째, 승-승: 함께 이기는 것

이 책에서 저자는 '승-승' 구조가 되지 않으면 차라리 아무것도 하지 말라고 당부합니다. 자신과 타인의 관계에서 둘 중에 하나만 이기는 구조는 결국 '패-패' 구조로 귀결되기 때문입니다. 함께 지는 것만큼 불행한 관계가 또 있을까요. 지금 내가 타인과의 경쟁에서 이겼다고 해서 좋아할 것이 아닙니다. 이 구조는 반드시 '패-패'로 진행될 것이기 때문입니다. 그래서 저자는 반드시 모든 관계를 '승-승'

구조로 세울 것을 권합니다.

오늘 본문에는 '승-승' 구조가 나옵니다. 바로 중풍병자와 네 친구들의 이야기입니다. 네 사람이 중풍병자를 데리고 예수님께로 옵니다. 많은 무리로 인해 예수님께 접근하지 못하자 그들은 크리에이티브한 방법을 모색합니다. 지붕을 뚫어 버린 것이지요. 이 집은 베드로의 집으로 추정되는데, 그 당시 지붕은 흙과 짚으로 지어서 오늘날 콘크리트로 지은 집보다는 수월하게 지붕을 뚫을 수 있었습니다.

예수님은 중풍병자를 치유해 주십니다. 얼핏 보면 성경은 중풍병자만을 주목하고 있는 것 같습니다. 그런데 이때 예수님이 주목하신 시선 안에는 '네 사람'도 포함되어 있습니다.

> 예수께서 그들의 믿음을 보시고 중풍병자에게 이르시되 작은 자야 네 죄 사함을 받았느니라 하시니(막 2:5).

예수님은 '그들'(네 명)의 믿음을 보시고 중풍병자를 치유해 주셨습니다.

이들 네 명의 믿음 역시도 예수님께 합격한 믿음이 되었습니다. 이들은 긍휼을 가지고 중풍병자를 도왔습니다. 아낌없이 섬겼습니다. 지붕까지 뚫으며 힘에 지나도록 섬겼습니다.

성경 안에는 이들의 다음 행보가 기록되지 않았지만 우리는 충분히 짐작할 수 있습니다. 이들은 그 자리에서 예수님의 죄 사하시는 구원의 권세를 보았습니다. 또한, 중풍병자가 침상에서 일어나는 기적을 목격했습니다. 이들은 아낌없이 섬겼더니 그 결과 구세주 예수님을 만나고 그분의 기적과 구원을 목격한 증인들이 되었습니다.

이들은 아마도 평생에 걸쳐 예수님의 증인이 되어 신실한 삶을 살아갔을 겁니다. 그러므로 이들의 섬김이 그들에게 복으로 돌아오게 된 겁니다. 그러니 네 사람과 중풍병자는 '승-승' 구조로 삶을 세워 나갔던 겁니다.

시대가 요구하는 인재상(人材像)

섬기는 네 명의 모습은 이 시대가 요구하는 인재상(人材像)과도 일치합니다. 이익열 목사는 자신의 저서 『하브루타 교사가 답이다』 (두란노서원, 2018)에서 이 시대가 어떤 인재를 원하는지에 대한 단서를 제공합니다.

> 얼마 전 TV에 구글코리아 김태원 상무가 나왔다. 여고에서 강연을 마치고 나오는 길에 학생들이 몰려들어 사인을 요청했다고 한다. 그런데 당황스러운 일이 벌어졌다. 급히 떠나려 하는 김태원 상무의 넥타이를 누군가가 뒤에서 붙잡은 것이다.
> "얘들아 내가 붙잡고 있을 테니, 빨리 사인 받아."
> 김태원 상무는 앞으로 성공하려면 그 여학생처럼 살아야 한다고 말한다.
> 이게 무슨 말인가?
> 그는 그 여학생의 희생정신을 높이 샀다. 자기도 사인을 받고 싶었을 텐데, 친구들을 위해 자신의 기회를 기꺼이 희생했다는 것이다.

이렇듯 일반 기업에서도 탐내는 인재상은 바로 희생과 섬김의 사람입니다. 이 같은 예는 우리가 존경하는 세종대왕에게서도 발견할 수 있습니다. 윤석철 교수의 저서 『삶의 정도』(위즈덤하우스, 2011)에 보면 세종대왕이 한글을 창제한 동기를 설명합니다.

> 세종이 즉위한 후 수년간 가뭄 때문에 백성은 힘들어했다. 그래서 측우기를 만들고, 『농사직설』이라는 농사법 책을 만들어 주었다. 그러나 한문으로 되어 있어 백성이 못 읽으니 세종은 아마도 이때 한글 계발을 결심한 듯하다. 훈민정음 반포문에 보면 "글 모르는 백성의 사정을 **딱하게 여겨서**"라는 말이 나온다.

세종대왕이 한글창제라는 위대한 업적을 세운 배경에는 결국 백성들을 딱히 여겨 섬기고자 했던 마음이 있었던 겁니다. 세종대왕이 후대에게 선왕으로 기억될 수 있었던 이유는 그의 섬김의 마음이었습니다.

섬김이 좋다는 것은 누구나 다 알고 있습니다. 그런데 이것을 실천하는 데 있어서 가장 강력한 방해물은 바로 자기 자신입니다. 이 시대가 양산한 신조어만 보더라도 얼마나 시대가 자기중심적으로 흘러가는지 알 수 있습니다. '미코노미'라는 신조어는 나를 가리키는 'me'와 경제를 뜻하는 'economy'의 합성어입니다. 또한, '포미족'for me은 오직 자신만을 위해 살아가는 사람들의 가치관을 빗대어 만들어진 신조어입니다.

이렇게 자기 자신이 중심이 된 시대 속에서 타인 지향적인 섬김과 희생은 자기 저항을 불러일으켜 섬김을 망설이게 됩니다. 그러나 남

좋은 일을 시키는 섬김은 사실 자신을 살리는 길이기도 합니다.

> 이와 같이 우리 많은 사람이 그리스도 안에서 한 몸이 되어 서로 지체가 되었느니라(롬 12:5).

저는 장이 좋지 않아 가끔씩 배가 아픕니다. 그럼 몸의 온도가 내려가 몸 전체 컨디션이 안 좋아집니다. 특히 손이 많이 차가워져서 불편함을 겪습니다. 그런데 배가 아플 때 손으로 배를 많이 문질러 줍니다. 그럼 차츰 배도 편안해지고 몸 온도도 올라가 결국 손도 따뜻해집니다. 이렇게 몸의 각 지체들이 서로를 돕고 섬김으로 함께 사는 상생을 저는 자주 경험합니다. 손이 배를 문지른 것은 배만 좋은 일 시킨 것이 아니라 손의 온도도 올라감으로 서로에게 플러스가 되는 일이었습니다. 섬김은 한 쪽의 이익으로만 그치지 않고 반드시 상생의 결과를 가져옵니다.

『숭대시보』에 실린 한 일본인 선교사의 생애는 섬김의 좋은 표본을 보여 줍니다. 양화진 외국인 선교사 묘원에는 서양 선교사들의 영문 묘비로 가득한데 한자로 된 묘비가 있습니다. 그분의 묘비에는 "고아(孤兒)의 자부(慈父)"라고 쓰여졌습니다. '고아의 자애로운 아버지'라는 뜻입니다. 이 묘비의 주인은 소다 가이치 선생입니다.

소다 가이치 선생은 원래 고아를 돌보는 일과는 전혀 상관 없는 삶을 살았습니다. 일본에서 초등학교 교사, 홍콩에서 노르웨이 선박의 선원으로 일하다가 대만으로 옮겨가 공장의 사무원으로 일하게 됩니다.

어느 날 그가 만취한 상태로 길에 쓰러져 버렸습니다. 아무도 그를 도와주지 않았을 때 무명의 한 조선인이 그를 업고 여관에 데려가 숙박비와 밥값까지 대신 지불해 주고는 사라졌다고 합니다. 소다 가이치 선생은 이에 크게 감동해 은인의 나라 조선에 은혜를 갚겠다는 마음으로 1905년 6월에 조선에 들어옵니다.

YMCA의 전신인 황성기독교청년회에서 일본어 교사로 일했고, 사회문제에도 관심을 가져 3·1 운동에 가담했다가 붙잡힌 조선인 청년 지도자들의 석방을 요구하며 조선총독부 데라우찌에게 항의하기도 했습니다. 또한, 가마쿠라(겸창)보육원을 세워 조선 고아 1000명 이상을 돌봅니다. 그중에는 독립운동가의 자녀도 많았다고 합니다. 그는 자신이 세운 보육원의 후신인 영락보린원에서 고아들과 함께 지내다가 1962년에 95세의 나이로 타계했습니다.

길에 쓰러져 있던 소다 가이치 선생을 도운 무명의 조선인. 그의 섬김은 이렇게 자신의 민족 조선이 섬김을 받는 일로 되돌아오게 되었습니다. 섬김은 이렇게 함께 살 수 있는 공생의 효력을 발휘합니다. 내가 이겨야 하는 것이 아닙니다. 그대가 이겨야 합니다. 그래야 우리가 함께 이길 수 있습니다.

즉시 삶으로   Now Faith

(1) 자신만을 위하는 이기심은 결국 '패-패 구조'로 귀결될 수밖에 없습니다. 그 이유는 성도들은 한 몸이기 때문입니다. 몸의 한쪽이 건강을 잃으면 건강하던 다른 한쪽도 결국 건강을 잃게 되기 마련입니다.
나도 모르게 길들여진 이기적인 문화와 습관이 있지는 않은가요?

(2) 중풍병자의 친구 네 명은 그를 침상째 예수님께 데려갔습니다. 침상의 한 모퉁이를 잡았을 때 비로소 네 명의 친구와 누워 있는 한 친구가 함께 사는 상생(相生)의 순간이 시작된 겁니다.
내가 들어야 할 침상은 무엇인가요?
우리 교회, 우리 교구, 우리 부서, 우리 기관만을 챙길 것이 아니라, 진정한 의미에서의 '우리'를 회복해야 상생할 수 있습니다.

더 깊은 묵상을 위한 참고 성경 구절

요 13:31-34
롬 14:1-12
갈 6:1-5
고전 9:18-23

제6장

당신이 옳다: 공감 공동체

> 예수께서 나오사 큰 무리를 보시고 그 목자 없는 양 같음으로 인하여 불쌍히 여기사 이에 여러 가지로 가르치시더라 (막 6:34).

공감이 변화의 시작이다

정신과 의사 정혜신 씨는 자신의 저서 『당신은 옳다』(해냄출판사, 2018)에서 30년 동안 정신과 의사로 활동하며 현장에서 익힌 심리상담의 필요성과 기술들을 소개했습니다. 그중 어떤 할아버지와 나눈 이야기를 소개합니다. 그 할아버지는 세월호 특별법 서명을 받던 곳에서 집기를 부수며 유가족들에게 욕을 퍼붓던 무리 중 한 분이셨습니다.

할아버지가 난동을 벌인 후 몇 시간이 지나 좀 마음이 가라앉을 때쯤, 저자는 할아버지에게 '고향이 어디세요?'라는, 상황과 관계없는 질문으로 대화를 시작했습니다. 그렇게 시작된 대화 속에서 저자는 진심으로 할아버지의 이야기를 공감하며 들었다고 합니다. 그랬더니 할아버지는 자신이 저지른 폭력을 후회하며 잘못한 일이었다고 고백했다는군요.

그분이 이런 이해하지 못할 일을 저지른 심리적 동기는 바로 공감의 힘에서 비롯되었습니다. 그는 한 보수 단체에서 개최한 강의에서 "우리나라가 잘 살게 된 건 어르신들 덕분이다. 너무 고생하셨다. 이젠 대한민국을 위해 마지막으로 힘을 한 번 더 모아 달라"라는 말을 듣고 코끝이 찡해지셨다고 합니다. 그분의 말도 안 되는 폭력이 시작된 것은 이때부터였다고 합니다.

자신의 존재에 주목해 준 보수 단체를 위해서 이해하지 못할 행동까지 하게 된 겁니다. 그 일이 어떤 일이었는지는 중요하지 않았을 겁니다. 코끝이 찡해질 정도로 자신의 존재에 주목해 준 그 단체가 고마웠던 겁니다. 흰 머리가 늘어나는 만큼 고립감과 소외감을 느끼고 사회 속에서 자신의 존재는 잊히고 있는데 그런 자신의 존재를 주목해 준 그 단체가 너무 고마워 자신의 양심에 찔리는 일까지도 기꺼이 했던 겁니다.

할아버지는 자신을 공감해 준 보수 단체를 위해서 잘못된 폭력을 자의적으로 행사했지만, 이젠 자신을 공감해 준 저자 앞에서는 그 폭력이 잘못된 것이며 후회한다는 말씀을 하셨습니다. 이 이야기를 통해 저자는 공감을 강조합니다. 잘잘못을 떠나서 공감은 '당신이 옳다'라는 '너 편들기'이고, 이런 정서적 편들기부터 변화는 시작된다고 합니다.

저자는 공감을 포기하지 말 것을 재차 권합니다. 만약 공감했는데도 사람이 변화되지 않는다면 그건 공감을 '너 방식'이 아니라 '내 방식'으로 잘못 접근하고 있거나 공감의 농도가 짙어질 때까지 더 공감이 필요한 상황이라고 말합니다.

그대는 공감하고 있습니까?

공감을 통해 나와 타인을 변화시키고 있습니까?

공감하신 분, 예수님

마가복음에 보면 예수님이 공감하시는 장면이 나옵니다. 파송을 받아 전도 미션을 수행(막 6:7)한 후 돌아온 제자들에게 예수님은 한적한 곳에 가서 쉬라고 하십니다(막 6:31). 배를 타고 출발했는데 그들을 알아본 무리들이 육로로 달려 배보다 먼저 도착합니다. 도착지는 뱃새다라는 고을(눅9:10)로서 출발지에서 약 6킬로미터 정도 떨어진 곳이었습니다(막 6:33).

이들은 예수를 만나고자하는 열망 하나로 여기까지 단숨에 뛰어온 겁니다. 이런 그들을 보시고 예수님은 그들을 목자 없는 양 같다며 불쌍히 여기셨습니다(막 6:34). '불쌍히 여기다'σπλαγχνίζομαι는 '창자' 혹은 '내장'이란 단어에서 유래한 말입니다.[1] 예수님은 창자가 흔들리고 꼬일 만큼 함께 아파하셨던 겁니다.

예수님은 이 무리들을 만나기 직전에 동역자요 친척인 세례 요한이 헤롯에게 죽임을 당하는 사건을 겪었습니다. 어릴 때부터 함께 자란 요한의 죽음은 예수님께 큰 상실을 가져다주었을 겁니다. 또한,

---

1 『옥스퍼드 원어성경대전: 마태복음』,(서울: 제자원, 2004), 336.

제자들과 자신도 계속된 사역으로 많이 지쳐 있었기에 쉼이 필요함을 느끼고 쉬러 가는 길이었습니다. 그만큼 예수님은 지금 영적으로 육적으로 많이 지쳐 있던 상태였습니다. 그런 찰나에 무리들이 6킬로미터를 뛰어 배를 쫓아 온 모습, 그만큼 영적 빈곤에 허덕이고 있는 그들의 모습을 보고 그들을 불쌍히 여기셨습니다. 예수님도 '찐한' 고난을 당해 보셨기에 그들을 공감하실 수 있었습니다.

"목자 없는 양"이란 말은 에스겔 34:5-6에서 인용한 단어인데, 에스겔 선지자 당시 정치적, 종교적 지도자들이 백성들을 착취했던 역사적 사실까지 인용한 겁니다. 예수님 당시에도 수많은 종교 지도자가 자기들의 배를 불리느라 양들을 굶기고 있었습니다. 그러니 그들은 목자가 있어도 실상은 목자 없는 양이 되어 이리저리 헤매고 있었던 게지요.

배고프면 먹어야 되잖아요. 그래서 예수님도 먹이셨습니다.

> … 이에 여러 가지로 가르치시더라 (막 6:34).

굶고 있는 양 떼에게 예수님은 그들을 가르치심으로 양식을 공급해 주셨습니다.

무엇을 가르치셨을까요?

병행 구절인 누가복음에 보면 이때 예수님은 "하나님 나라"를 가르치셨다고 합니다(눅 9:11). 하나님 나라의 주체는 예수 그리스도입니다. 하나님 나라는 예수님이 목자가 되셔서 양 떼를 푸른 초장으로 인도하는 나라입니다. 그들은 '목자'란 양식이 없어 배고팠기에 예수님은 '목자가 여기 있다'란 양식으로 먹여 주신 겁니다.

예수님이 이들을 공감하지 못하셨더라면 정확히 문제 진단이 안 되었을 겁니다. 진단이 정확하지 않으면 잘못된 해결법이 제시되었겠지요. 감기로 찾아온 환자에게 피부약을 주는 것처럼 말입니다.

그런데 예수님은 공감하셨습니다. 그래서 그들을 깊이 있게 살피셨습니다. 그 결과 정확한 진단 결과가 나왔습니다. 그들의 문제는 목자의 결여로 인한 영적 결핍이었습니다. 그 결과 그들은 늘 허기에 시달려야 했습니다. 목자 없는 양처럼 그들은 스스로를 구원할 능력이 없었습니다. 그래서 예수님은 그들에게 '진정한 목자이신 예수 그리스도'를 가르치셨고 그 결과 그들은 회복될 수 있었습니다.

"아빠 제발 내 말 좀 들어 보란 말야!"

언젠가 서재에 앉아 있는데 거실에서 큰아이와 작은아이가 다투는 소리가 들렸습니다.

"휴…, 또 시작이구나. 곧 그치겠지?"

그런데 작은아이가 갑자기 큰 소리로 울기 시작해서 놀라 뛰쳐나갔더니 큰아이가 동생을 밀치며 때리고 있었습니다. 저는 순간 분노를 참지 못해 큰아이의 등을 후려쳤습니다. 그리고는 버럭 화를 냈습니다.

"야! 너 지금 뭐하는 거야? 누가 동생 때리래? 아빠가 너 동생 때문에 스트레스 받는 거 아니까 네가 조금만 더 참아 달라고 했잖아! 그런데 또 이게 뭐야? 너 아빠한테 혼날래! 어?"

순간 따가운 등 따귀를 맞고 놀랜 아이는 닭똥 같은 눈물을 흘리며 매우 서럽게 울기 시작했습니다. 우느라 흐트러진 발음으로 저에게 이렇게 말했습니다.
　"아빠 제발 내 말 좀 들어 보란 말이야! 내 말도 좀 들어 달라구."
　평소 혼날 땐 자기의 잘못을 순순히 인정하던 녀석이기에 그 말은 참 낯설게 들려왔습니다. 지금까지 아들의 말에 공감하지 않고 있던 지난날의 과오가 다 까발려지는 느낌이었습니다. 꼭 들어 주어야만 한다는 생각이 들었습니다. 이번에 들어 주지 않으면 큰 녀석과의 관계에서 보이지 않는 벽이 생길 것 같은 위기 경보를 본능적으로 느꼈습니다.
　큰 녀석은 늘 동생 때문에 귀찮고 억울했습니다. 늘 오빠로서, 첫째로서 참아 주어야 하는 의무와 강요가 여섯 살밖에 안 된 아이에게는 버거웠던겁니다. 그날 저는 아들의 이야기를 집중해 들었습니다. 아이는 만족스러워하는 눈치였습니다. 자신의 말을 들어 주는 아빠가 좋다고 했습니다. 그날 그 사건이 계기가 되어 관계 안에 긍정적 반전을 경험했습니다. 또한, 큰 녀석은 자신이 공감을 받았다는 생각 때문인지 동생과의 관계에서 좀 더 참아 보려고 노력하는 모습을 보여 주기도 했습니다.
　우리는 공감받아야 하고 공감해야 합니다. 예수님이 숱하게 공감하셨고 그 공감은 정확한 진단과 함께 문제 해결로 이어졌습니다. "당신이 옳다"라고 말해 줍시다. 옳고 그름을 따지기 전에 먼저 내 옆에 쓰러져 있는 자들을 편들어 주고 세워 줍시다.

즉시 삶으로 *Now Faith*

(1) 공감을 받는 것에는 자격이 있어서는 안 됩니다. 누구나 다 공감 받아야 합니다. 어쩌면 '사회의 암적 존재'나 '사회적 골칫거리'로 여겨진 사람들은 우리가 그들을 공감하지 않은 결과 양산한 존재인지도 모릅니다. 공감받지 못한 그들은 공감받고 싶은 마음을 거칠게 표현하고 있는지도 모릅니다.

자신만의 높은 기준으로 공감의 대상을 제한하고 있지는 않나요?

(2) 공감은 '나의 방식'이 아닌 '너의 방식'으로 이루어져야 합니다. 내 기준과 경험 안에서 그들의 사정을 해석하는 것이 아닌, 그들의 삶의 처지로 내려가서 이해하려는 성육신적인 자세가 필요합니다. 그렇게 되면 그들에게 무엇이 필요한지 보입니다. 예수님은 '목자'라는 양식이 없어 굶고 있는 양 떼의 허기에 공감하시고는 그들에게 '목자가 누구인지'를 가르치심으로 양식을 공급해 주셨습니다.

그대가 공감해 주어야 하는 대상은 누구입니까?

그들에게 필요한 양식은 무엇일까요?

더 깊은 묵상을 위한 참고 성경 구절

욥 30:25

요 1:14

롬 12:15

히 13:3

편견

"편견과 선입견. 이것을 이길 수 있는 개는 '백문이 불여일견'이다."

강민구 판사(『인생의 밀도』, 청림출판)

제7장

광야가 좋다

> 성령이 곧 예수를 광야로 몰아내신지라(막 1:12).

아픔이 주는 유익

운동을 많이 해서 탈이 난 적이 있지요?

그런데 몸에 탈이 난 것은 다른 관점으로 보면 몸이 강화된 겁니다. 원래 근육이 자라기 위해서는 먼저 근육이 찢어져야 하거든요. 운동을 통해 근육이 찢어질 때 느끼는 고통이 몸살인데 이렇게 근육이 찢어져야 회복 중에 근육이 더 자라나는 겁니다. 그러니 운동으로 인한 근육통은 근육 강화라는 말과 비슷한 의미의 말이겠지요.

저는 자녀가 둘 있는데 두 녀석 모두 한 번 심하게 앓으면 쑥 큽니다. 이것은 우리 인생도 마찬가지예요. 인생의 길을 걸을 때 평평한 곳만 걷다 보면 거기에 익숙해져서 인격의 근육이 자라거나 정서적으로 단단해지지 않습니다. 늘 같은 근육, 다루기 편한 정서만 쓰기 때문이지요. 익숙하고 편하지만 성장은 없습니다.

그런데 인생의 굴곡이 심할 때는 오르막도 걸었다가, 타들어 가는 여름 정오 같은 길을 걷기도 합니다. 때로는 내리막길에서 넘어져 굴러 떨어지기도 합니다. 그런 과정을 거치며 정서도 인격도 단단해지게 됩니다. 그러므로 사람은 평상시보다는 아플 때 성장하기 마련입니다.

메기효과Catfish effect라는 말이 있습니다. 북유럽 사람들은 '청어'를 즐겨먹는데 운반하는 과정에서 청어들이 폐사하게 되었습니다. 어부들은 고민했습니다.

"어떻게 해야 청어를 죽이지 않고 싱싱하게 유지해 운반할 수 있을까?"

그 고민 끝에 나온 비결이 바로 '메기'였습니다. 메기는 청어를 잘 잡아먹습니다. 어부들은 청어가 있는 수조에 메기를 같이 넣었습니다. 청어들이 생명의 위협을 받는 환경을 조성해 주어 긴장감을 갖게 해서 생명을 유지하려는 전략이었습니다. 결과는 성공이었습니다. 수족 속에서 계속 도망 다닌 청어는 폐사하지 않고 육지에 도착할 때까지 싱싱함을 유지할 수 있었습니다. 청어에겐 육지로 이동할 때까지가 긴장감이 연속된 고통의 시간이었으나 전체 맥락에서 그 시간은 청어의 생명을 유지하게 해 준 유익한 시간이었습니다.

성경에서 광야는 아픔과 고통을 상징합니다. 그 누구와도 교통할 수 없는 폐쇄적인 공간이며, 낮에는 찌는 듯한 더위, 밤에는 살을 찢는 듯한 추위로 고통스러운 환경입니다. 틈만 나면 출몰하는 들짐승 떼는 사람의 목숨을 위협했습니다.

그런데 아이러니하게도 성경의 모든 인물은 쓰임 받기 전에 모두 광야를 거쳤습니다. 아브라함, 모세, 다윗, 바울 등 기라성 같은 위대한 인물 모두 광야의 아픔을 통해 성숙해졌고 쓰임 받게 되었습니다. 광야는 아픔을 주는 곳 같지만 실상 광야는 우리를 세우는 좋은 곳입니다.

> 성령이 곧 예수를 광야로 몰아내신지라(막 1:12).

이 말씀은 성령님의 의지를 보여 주고 있는 겁니다. 예수님이 세례를 받으시자마자 곧바로 예수님을 광야로 보내시려는 성령님의 의지가 나타납니다. 우리는 대개 광야를 나를 아프게 하고 나를 외롭게 만드는 이미지로 그립니다. 그런데 우리를 광야로 몰아내시는 성령님을 "보혜사"(요 14:16), 헬라어로는 파라클레토스^{παράκλητος}라고 지칭하는데, '곁에서 돕는 변호사'라는 뜻입니다. 변호사처럼 내 입장을 헤아려 주고, 나를 변호해 주고, 나를 돕는 분이라는 뜻입니다.

그렇다면 광야는 우리가 생각하는 것만큼 그리 나쁘고 부정적인 곳이 아닙니다. 성령님을 좋은 분이라고 여기면서 그분이 나를 데리고 가시는 광야가 나쁜 곳이라고 여긴다면 그것이야말로 이율배반적인 생각입니다. 성령님은 좋은 분이시기에 우리를 데리고 가는 광야는 좋은 곳이라고 여기는 것이 합리적인 생각입니다. 그래서 광야는 내게 좋은 곳입니다.

광야, 지성전

광야는 영어로 'deserted land'입니다. 즉 버려진 땅입니다. 그러나 이 단어는 성경의 뜻을 잘 살리지 못했습니다. 광야는 히브리어로 '미드바르' מִדְבָּר 곧 '하나님이 말씀하시다'라는 뜻입니다. 버려진 땅이 아니라 말씀이 있는 땅이라는 겁니다.

왜 우리가 인생을 살다가 패배합니까?

왜 마음이 쪼그라들지요?

왜 관계 속에서 힘들어하죠?

근원적인 원인은 단 하나, 말씀이 없기 때문입니다.

> 모든 성경은 하나님의 감동으로 된 것으로 교훈과 책망과 바르게 함과 의로 교육하기에 유익하니 (딤후 3:16).

여기서 "하나님의 감동"은 헬라어로 테오프네우스토스 θεόπνευστος 곧 '하나님의 숨결' God-breathed 이라는 뜻입니다. 그러니 성경 말씀은 하나님의 숨결, 즉 생명이라는 겁니다. 하나님의 숨결이 우리 삶에 없으니 우리는 패배하고 쪼그라들고 관계 속에서 힘들어한다는 겁니다.

그런데 우리가 광야로 들어가게 되면 우리는 말씀을 만나게 됩니다. 말씀이 나를 일으키는 것을 경험하게 됩니다. 광야는 하나님이 말씀하시는 곳이기 때문입니다. 그러니 광야는 우리에게 좋은 곳입니다. 광야의 이름이 '미드바르'라고 했지요. 미드바르는 '드바르' דָּבָר 에서 나왔는데 이 뜻은 지성소입니다. 지성소는 하나님을 만나는 곳입니다. 이렇게 광야는 하나님을 만나는 곳입니다. 그래서 광야는 좋은 곳입니다.

하나님이 이스라엘 백성들을 출애굽 시킨 후 데리고 간 곳은 가나안 땅입니다. 가나안 땅 앞에는 항상 수식어가 붙습니다. "젖과 꿀이 흐르는 땅"입니다.

그런데 실제로 가나안에 젖과 꿀이 흘렀을까요?

아니요. 그곳은 광야였습니다. 젖과 꿀은커녕 메마르고 건조한 땅입니다.[1]

그럼 하나님이 거짓말을 하셨을까요?

아닙니다. 젖과 꿀을 주신다는 말씀은 영적인 의미였습니다. 이스라엘이 탈출한 애굽은 주변에 나일강이 있어서 농사를 지을 때 손쉽게 물을 공급받을 수 있었습니다. 그런데 가나안 땅에는 농업용으로 끌어올 만한 강이 없습니다. 그러니 농사지을 때 하늘에서 비를 내려 주지 않으면 농사가 되지 않았습니다. 그러니 이스라엘은 하나님만 의지할 수밖에 없었습니다. 비를 주시는 분은 하나님이시기 때문입니다.

이것이 바로 젖과 꿀이 흐른다는 말의 영적 의미였습니다. 오직 하나님만 의지할 수밖에 없는 상황과 환경이 우리로 하여금 기도하게

---

1 광야의 젖과 꿀이 실제적인 것이 아니라는 견해의 근거는 가나안 영토의 특징에서 발견된다. 가나안 땅은 크게 동쪽과 서쪽으로 나뉘는데, 서쪽은 가나안 최고의 노른자위 땅으로 강우량이 많고 풍부한 곡창지대였다. 반면에 동쪽은 최고의 척박한 땅으로 비가 많이 오지 않았고, 토양도 석회암으로 이루어진 바위산이 대부분인 척박한 곳이었다. 이런 지형에서 젖과 꿀을 기대하기는 어려워 보인다. 아브라함이 부름받은 가나안 땅이 동쪽이었고, 성경에 나온 이스라엘이 주로 활동한 지역 또한 동쪽이었다. 그러므로 이스라엘에게 약속한 젖과 꿀은 실제가 아닌 영적 풍성함을 상징하는 표현이라고 할 수 있다. 류모세, 『열린다 성경: 광야 이야기』 (서울: 두란노서원, 2009), 290-294를 참고하라.

하고 바짝 엎드리게 합니다. 오직 하나님만 신뢰하게 합니다. 그 결과 하나님이 직접 주시는 영적인 젖과 꿀을 공급받는다는 겁니다. 젖과 꿀을 조금만 떼 주는 것이 아니라, 젖과 꿀 자체 되시는 하나님을 경험하게 되는 곳이 바로 광야이지요. 그러니 우리는 고백할 수 있답니다.

"광야가 좋다!"

요셉 토인비는 3대 유일신 종교가 모두 광야에서 탄생했음을 근거(시내광야-유대교/ 유대 광야-기독교/아라비아 광야-이슬람교)로 광야가 우리에게 유익을 주는 곳임을 주장했습니다.[2]

우리의 생각과는 다르게 광야는 우리에게 유익을 줍니다. 그래서 광야는 좋은 곳입니다. 우리는 즉시 광야가 좋은 곳이라고 고백해야 합니다. 감사 가운데 고백해야 합니다. 이스라엘 백성은 광야를 불평하고 원망해 괴로움을 당했습니다. 그러나 성경의 많은 인물이 광야에서 감사했고, 광야에서 놀라운 회복과 위로를 경험했습니다. 무엇보다도 광야는 하나님을 만나는 '일상의 지성전'입니다. 그러니 우리는 광야 앞에서 바로 즉시 감사할 때 광야의 시험을 통과하며 눈부시도록 성장할 수 있습니다.

---

[2] "쉽고 예측 가능한 리버 컬처 river culture는 수천 년을 인내하며 지속할 수 있는 종교를 생산해 내지 못한다." 아놀드 토인비, 『문명의 역사』(The hislory of civilization), 『열린다 성경: 광야 이야기』, 296-297에서 재인용.

20대 중반, 나의 광야

20대 중반에 축구를 하다가 십자인대와 내측측부인대가 끊어지는 사고를 당했습니다. 그 후로 제가 다시 뛰기까지는 무려 2년의 시간이 걸렸고, 인대가 끊어진 오른쪽 다리는 약 5개월 동안 무릎이 굽혀지지 않아 무릎을 편 상태로 생활해야 했습니다.

이때 참 힘들었습니다. 고독했고, 또 고독했습니다. 외로웠고, 또 외로웠습니다. 다리가 성치 않으니 늘 방 안에만 있어야 했고 대인관계도 활동도 '멈춤' 상태가 되어 인생 자체가 일시 정지 상태로 들어갔습니다. 이 시기에 정말 많이 울었습니다. 억울해서 울었고 고독해서 울었습니다. 20대 중반의 혈기왕성한 나이에 일시 정지된 인생이 받아들여지지 않아서 울었습니다.

그런데 시간이 지나 그때를 돌이켜보니 많은 성숙이 있었던 시간임을 고백하게 됩니다. 제가 고독해 보고 제가 아파 보니 고독하고 아픈 분들이 제 눈에 들어왔습니다. 그 전까지는 그들에 대해 무관심했고, 존재감을 못 느꼈지만 그 후론 제 눈이 그들의 존재를 인식하기 시작했습니다. 이 광야 시기에 저는 제 나름대로 한층 더 성숙해졌습니다. 이 시기가 없었다면 타인이 눈에 들어오는 것을 막는 이기적인 인생으로만 살 뻔했습니다.

하나님은 우리에게 모든 날을 선물로 주셨습니다. 여기에는 단 하루도 예외가 없습니다. 그대가 살아가는 지금 이 순간이 광야와 같이 메마르고 버겁더라도 하나님은 그마저도 그대에게 선물로 주셨음을 믿음으로 수용해야 합니다. 우리 인생의 날들 속에서 광야의 시간을 빼 버린다면 우리 인생 전체가 의미 없어질 것입니다. 광야를 통해 우리는 이만큼 성숙했고, 광야를 통해 오직 하나님만 의존하는 법을 배우게 되었습니다. 그러니 광야는 좋은 곳입니다.

지금 마음이 어떠세요?

지금 광야 속에 계시나요?

버겁고 도망치고 싶나요?

그러나 그 감정에 속지 마십시오. 지금 여러분의 인생길에는 젖과 꿀이 흐르고 있습니다. 그래서 이제는 즉시 외치셔도 됩니다.

"광야가 좋다! 내 인생 좋다!"

즉시 삶으로 *Now Faith*

(1) 인간은 하나님이 어떤 분인지 정의하거나 평가할 때 주로 자신이 처한 환경 안에서 판단합니다. 그래서 많은 경우 환경이 달라지면 하나님에 대한 이해도 달라지게 됩니다. 일이 슬슬 잘 풀리는 환경이면 하나님을 좋은 분으로, 반면에 일이 꼬일 때는 하나님을 나를 싫어하거나 사랑이 없는 분으로 여깁니다. 성령님은 예수님을 척박한 환경인 광야로 몰아내셨습니다. 그러나 성령님은 나쁜 분이 아니라 하나님 앞에서 인류를 변호하시는 좋은 분입니다.
지금 처한 환경에서 나는 하나님을 어떻게 이해하고 있습니까?

(2) 광야는 하나님의 말씀이 들리기에 좋은 곳입니다. 그래서 성경의 많은 인물이 광야학교를 졸업했습니다.
그대가 다니는 광야학교에서 요즘 배우는 것은 무엇인가요?

더 깊은 묵상을 위한 참고 성경 구절

시 119:71
마 4:1-11
히 12:6-11

제8장

그들의 천국에 난 가기 싫다

> 누구든지 내 이름으로 이런 어린 아이 하나를 영접하면 곧 나를 영접함이요 누구든지 나를 영접하면 나를 영접함이 아니요 나를 보내신 이를 영접함이니라(막 9:37).

승자독식 사회

얼마 전에 방송한 〈미스터 트롯〉은 대한민국에 열풍을 넘어 광풍을 일으켰습니다. 사람들이 모인 곳 어디에서라도 이 프로그램 이야기가 자연스럽게 나올 정도로 큰 인기를 누렸습니다. 진(眞)이 된 임영웅은 상금 1억 원과 SUV차량, 이태리 명품 수제화 200켤레, 안마의자, 작곡가 조영수 씨의 신곡을 상품으로 받았으나 나머지 선(善), 미(美)에게는 아무런 상품이 주어지지 않았다고 합니다.

그런데 문제는 우리 중 대부분이 이런 현상에 문제의식을 느끼지 못하는 것입니다. 그만큼 이런 현상을 발생시키는 문화와 구조에 익숙해져 있는 겁니다. 이런 사회를 흔히 "승자독식 사회"라고 부릅니다. 승자가 독식하는 사회에서는 〈미스터 트롯〉에서의 선(善)과 미(美)가, 학교에서 전교 2·3등이, 올림픽에서의 은메달·동메달을 획득한 사람들이 희미하게 지워집니다.

사람들은 이런 차별 가득한 사회를 향해 분노합니다. 사람들은 공정한 사회를 꿈꾸기 때문입니다. 그러나 공정함을 시도하더라도 차별의 문제는 쉽게 극복되기 어렵습니다. 차별을 개선하고자 시도한 노력이 '역차별'의 문제로 불거질 수도 있기 때문입니다. 차별받는 자들은 여론을 얻습니다. 여론은 소위 '민심'을 얻고 싶어 하는 이해관계 때문에 차별받는 자들의 편에 섭니다. 하지만 차별받는 자들에게 힘을 실어주었을 때 반대편에 있는 자들이 전에 받던 대우는 축소됩니다. 전체의 합은 정해져 있기 때문에 누군가에게 더 할당된다면 나머지는 축소될 수밖에 없습니다. 축소된 입장에서는 당연히 역차별을 느낍니다. 이런 문제 때문에 세상은 공정한 사회를 꿈꾸지만 이것을 해결할 방안은 요원해 보입니다.

불공정과 차별의 현상은 죄에서 비롯된 문제입니다. 그러므로 차별을 완전히 극복하려면 근본적으로 죄의 문제가 해결되어야 합니다. 그러나 이 땅에는 아직도 죄의 문제가 있습니다. 하나님 나라가 "이미 왔지만 아직 미완입니다."already but not yet 지금은 하나님 나라 발현과 완성 사이의 일종의 과도기입니다. 죄의 문제가 완벽히 극복되지 않았기에 차별의 극복은 예수님의 재림으로 세상의 구원이 완성될 때에야 가능해집니다. 그러니 이 땅에서 차별의 문제를 완전히 회복하는 것은 불가능합니다.

한 코미디언의 유행어 중에 "1등만 기억하는 더러운 세상"이란 말이 있습니다. 이 사회는 1등만 기억합니다. 1등만이 독식하는 사회이기 때문에 1등만 홍보되고 눈에 띄어 결국 1등만 기억됩니다. 이것이 우리가 살아가는 현 세상의 본질입니다. 그렇다면 우리는 궁금해집니다.

우리가 가는 천국은 어떨까?

역겨운 차별과 불공정함이 미치도록 지긋지긋한데, 그래도 천국은 다르지 않을까?

그곳이 어떨지 궁금해 질 수밖에요.

저들의 천국에 난 가기 싫다

예수님의 제자들이 "누가 크냐"(막9:34)라는 주제로 토론했습니다. 같은 상황을 다루고 있는 마태복음에서는 "천국에서 누가 크냐"고 예수님께 질문하는 모습이 기록되어 있습니다(마 18:1). 즉, 제자들은 다가올 세상에서는 누가 더 큰 지위를 차지하는지를 논쟁했던 겁니다. 이 땅에서의 섬김의 동기가 천국에서 으뜸이 되려는 것이었음을 보여 주는 불순한 모습입니다.

이에 예수님은 첫째가 되려는 자는 뭇 사람의 끝이 된다고 대답하십니다(막 9;35). 그런데 이 말씀은 천국에서 실제로 '첫째'와 '끝'이라는 서열과 계급이 존재한다는 의미의 말씀이 아닙니다. 제자들이 생각한 방식이 잘못되었음을 지적하기 위해 그들의 개념과 언어를 사용하셔서 '첫째'가 '끝'이 된다고 말씀하셨을 뿐입니다. 예수님이 천국의 상급이 제자들이 추구한 세상의 개념과는 다르다고 선을 그으신 겁니다.

예수님은 옆에 있던 어린이를 데려다가 설명하셨습니다. 예수님은 어린이를 영접하는 것이 곧 자신을 영접하는 것이라고 하셨습니다(막 9:37). 이것은 어린이를 섬길 수 있을 만큼 자신을 낮춘 제자야말로 천국에서 상급이 있다고 하신 겁니다. 섬기는 자만이 상을 얻는다는 것은 천국 상급에는 차별이 없음을 반증하는 것으로 볼 수 있습니다.

만약 천국 상급에 차별이 있다면 우리는 경쟁하며 누군가를 짓밟고 올라서야 합니다. 제자들의 모습처럼 누가 크냐며 싸워야 합니다. 앞으로 내가 들어갈 천국에 상급이 차등 지급되니 당연히 현세에서는 경쟁을 할 수밖에요. 그러나 예수님은 경쟁하는 제자들을 질책하시고 어린이를 보여 주시며 섬기는 자만이 천국 상급이 있다고 하셨습니다. 이 말씀은 천국에 차별이 없음을 전제하지 않고는 하실 수 없는 말씀입니다.

또한, 성경의 전체적인 메시지는 천국 상급에는 차별이 없음을 말씀하고 있습니다. 여기서는 두 개의 구절을 설명하도록 하겠습니다.

> 이제 후로는 나를 위하여 의의 면류관이 예비되었으므로 주 곧 의로우신 재판장이 그 날에 내게 주실 것이며 내게만 아니라 주의 나타나심을 사모하는 모든 자에게도니라(딤후 4:8).

바울은 자신이 받는 의의 면류관이 자신뿐만 아니라 주의 나타나심을 사모하는 모든 자에게도 동일하게 주어진다고 고백했습니다. 차별에 대한 강조는 전혀 보이지 않고 오히려 '모든 자'에게 의의 면류관이 지급될 것을 말씀했습니다.

> 내가 인침을 받은 자의 수를 들으니 이스라엘 자손의 각 지파 중에서 인침을 받은 자들이 십사만 사천이니(계 7:4).

　이 말씀 또한 천국 상급에 차별이 없음을 증거하고 있습니다. 144,000은 문자적인 의미를 갖지 않고 비유적으로 기록된 것입니다. 가장 대표적인 산술방식은 구약의 열두 족장과 신약의 열두 제자를 곱하게 되면 144가 나옵니다. 여기에 영원을 가리키는 수 1,000을 곱하면 144,000이 됩니다. 즉, 구약의 열두 족장과 신약의 열두 제자는 믿음을 가진 모든 성도를 대표합니다. 그러니 144,000이란 숫자는 문자적인 의미를 지니지 않고 믿음을 고백하는 모든 성도들을 가리킨다고 봐야 합니다.
　이외에도 이 숫자를 산술하는 방식이 한두 가지가 더 있습니다. 그러나 여기서 강조하고자 하는 것은 이 수가 어떤 방식에 의해 산술되었는가가 아니라 성경은 이 숫자를 통해 예수님을 주로 고백하고 성령님의 인침을 받은 '모든' 성도가 천국에 들어갈 수 있다고 말씀한다는 겁니다. 이런 사실을 통해 천국에는 차별이 없음을 알 수 있습니다.
　한국의 유명한 한 이단은 이 숫자 144,000을 이용해 사람들의 헌신을 강요하고 과도한 경쟁을 통해 자신들의 세를 규합하고 있습니다. 이 숫자 안에 들어가야 구원을 얻을 수 있다며 잘못된 성경 해석으로 사람들을 오도하고 자신들의 조직에 빠져들게 합니다. 그러나 예수님은 이런 방식으로 제자들을 모집하지 않으셨습니다. 인간의 경쟁 심리를 부추겨 자신의 세를 불리지도 않으셨습니다. 오히려 예수님이 보여 주신 천국 비전은 다툼과 경쟁이 사라지고 섬기는 자가

상을 받는 아름다운 나라였습니다.

시인이자 목회자인 고진하 목사는 "천국에는 아라비아 숫자가 없다"¹라는 말씀을 하셨습니다. 숫자는 객체를 서열화시킵니다. 144,000이 문자적 의미로 기록되었다면 현세에서 우리는 제자들처럼 '누가 크냐'며 싸울 수밖에 없습니다. 짧게 사는 이 세상에서도 더 높고 큰 지위를 차지하기 위해 싸우거늘 영원히 살아야 할 천국에 차별이 있다면 제자들도 우리도 싸움은 불가피할 것입니다.

그러나 이 수는 상징적인 기록이기에 천국에는 차별이 없음을 그대는 기억해야 합니다. 고 목사님의 말씀처럼 천국은 아라비아 숫자가 없는 나라입니다. 천국은 계급과 차별이 존재하지 않는 절대 공정, 절대 평등의 나라입니다.

언젠가 교회에서 달란트 잔치를 한 적이 있었는데 한 아이가 시험에 든 일이 벌어졌습니다. 6개월 동안 달란트를 열심히 모았고, 달란트로 물건을 살 수 있는 그날이 이 아이에게는 얼마나 기다려졌겠습니까. 그런데 한 물건을 두고 두 녀석이 동시에 탐을 냈습니다. 안타깝게도 물건이 하나밖에 남지 않아 둘 중에 한 녀석은 포기해야 했습니다. 그런데 그 코너를 담당한 선생님이 달란트를 더 많이 모은 친구에게 주었고, 못 받은 친구는 억울해하며 그 길로 집으로 가버렸습니다. 그 친구를 다시 교회로 데리고 나오기까지 많은 애를 먹었습니다.

그 사건 후로 달란트 잔치에 대해서 진지하게 고민해 보았습니다. 이 잔치가 과연 성경적일까라는 의구심도 들었습니다.

---

1 청파교회 김기석 목사, "구원받았는지 아닌지 아는 방법", YouTube채널 〈잘잘법〉 EP. 26, 2020.04.03.

달란트를 더 많이 가진 아이에게 더 많은 물품을 주는 것이 승자독식 사회를 똑같이 연출해 보여 주는 것은 아닐까?

그러면 아이들은 더 많은 달란트를 확보하기 위해 다툴 뿐 친구를 위해 달란트를 포기할 수 있는 섬김과 비움의 교육이 될 수 있을까?

제 안에 생긴 회의감은 오래도록 계속됐던 기억이 납니다.

만약 천국이 정말 이런 곳이라면 저는 개인적으로 그곳엔 가고 싶지 않습니다. 여기서도 불공정과 차별 당하는 것 때문에 억울한데 천국에 가서까지 상급의 차별이 있다면 저는 그런 천국에는 가고 싶지 않습니다. 왜냐하면 그곳은 천국이 아니라 차별이 있는 또 다른 지옥에 불과할 테니까요. 다행히 예수님은 천국상급에는 차별이 없고 단지 섬기는 자에게 같은 상급을 주신다고 말씀하셨습니다.

이 땅의 차별 때문에 상심한 그대에게

천국에서만큼은 차별이 없기에 그나마 다행이라고 생각하지만 우리가 살아가는 현실 속에서 지독한 차별을 감내하기란 참으로 어렵습니다. 그래서 그대에게 요셉의 형 이야기를 통해 조금이나마 위로를 건네고자 합니다.

> 그들이 요셉에게 따로 차리고 그 형제들에게 따로 차리고 그와 함께 먹는 애굽 사람에게도 따로 차리니 애굽 사람은 히브리 사람과 같이 먹으면 부정을 입음이었더라 (창 43:32).

이 장면은 요셉의 형제들이 요셉의 집에서 식사하는 모습입니다. 흥미로운 것은 요셉의 식탁, 애굽 사람의 식탁, 요셉의 형제들의 식탁으로 구분되었는데 그 이유는 애굽 사람이 히브리 사람과 함께 먹으면 부정을 입는다는 생각 때문이었습니다. 이것은 배타적인 차별입니다. 그런데 애굽의 이런 문화를 하나님은 은혜의 도구로 사용하셨습니다.

가나안 땅에 살고 있던 야곱의 아들들은 시간이 지나면서 점차 가나안 문화에 동화될 수 있는 위험에 처했습니다. 실제로 야곱의 넷째 아들 유다는 가나안 사람 수아의 딸과 동침해 세 아들을 낳았습니다. 이방 여인과의 결혼은 철저한 금지사항이었지만 가나안 지역에 살다 보니 지역의 문화에 동화되어 갔던 겁니다. 유다는 여기서 그치지 않고 자신의 장자 '엘'에게도 다말이라는 이방 여인을 아내로 맞이하게 했습니다. 유다가 얼마나 깊이 가나안 문화에 동화되었는지를 추정해 볼 수 있는 대목입니다.

이에 하나님은 야곱 일가를 애굽으로 옮기기로 결정하셨습니다. 가나안 땅에서 여호와 신앙을 붙들며 살기에는 그들에게 더 훈련이 필요했던 겁니다. 하나님은 가나안 땅에 기근을 주셔서 야곱 일가족을 반 강제적으로 애굽으로 이주하게 하셨습니다. 애굽인들의 차별적이고 배타적인 문화로 야곱 일가는 고센 땅에 모여 살게 됩니다.

> 당신들은 이르기를 주의 종들은 어렸을 때부터 지금까지 목축하는 자들이온데 우리와 우리 선조가 다 그러하니이다 하소서 애굽 사람은 다 목축을 가증히 여기나니 당신들이 고센 땅에 살게 되리이다(창 46:34).

애굽인들은 히브리인들의 식탁만 따로 차린 것이 아니라 아예 히브리인들의 거주지를 그들의 거주지와 멀리 떨어뜨렸습니다. 이렇게 강제적으로 한 지역에 모여 살았기에 야곱 일가는 고센 땅에 살면서 흩어진 신앙의 정체성을 다시 모았고, 잃어버린 하나님과의 관계성을 다시금 회복할 수 있었습니다. 그 결과 야곱 일가는 여호와 신앙을 보존할 수 있었습니다.

이처럼 하나님은 배타적 차별이 넘치는 애굽 사회의 구조를 이용하셔서 그들의 신앙적 정체성을 보존할 수 있도록 은혜를 주셨습니다. 이스라엘에게 가해진 애굽인들의 차별은 아픔인 것 같으나 하나님은 그것을 선하게 사용하셔서 이스라엘을 세우는 도구로 사용하셨습니다.

그대에게 어떤 차별이 가해진다 하더라도 하나님은 반드시 그것들을 선하게 바꾸셔서 가장 좋게 인도하실 겁니다. 1등만 기억하는 이 세상에서 그대가 차별로 인해 꼴등이 된다 하더라도 너무 슬퍼하지 마세요. 우리가 믿는 하나님은 차별이 없는 하나님이기 때문입니다.

즉시 삶으로 *Now Faith*

(1) 이 땅에서의 하나님 백성의 삶은 섬기고 배려하는 모습으로 나타납니다. 천국상급은 경쟁으로 차등 지급하는 것이 아니라 섬기는 자에게 주기 때문입니다.
치열한 경쟁 구조 속에서 우리는 어떤 방식으로 살아가야 하겠습니까?

(2) 야곱의 가족이 애굽에서 혐오와 차별을 당한 것은 그들의 신앙을 다시 세우기 위한 하나님의 큰 그림이었습니다. 그대가 차별을 당한 순간에는 힘들고 괴롭겠지만 시간이 지나 그 일은 반드시 그대의 삶에 합력해 선을 이루게 될 것입니다.
요즘 어떤 차별을 당하고 있습니까?
그 가운에 어떤 소망을 발견할 수 있습니까?

더 깊은 묵상을 위한 참고 성경 구절

창 50:20
마 18:4
약 1:15
롬 8:28

제9장

교회는 산통 중이다

> 난리와 난리의 소문을 들을 때에 두려워하지 말라 이런 일이 있어야 하되 아직 끝은 아니니라(막 13:7).

성전이 무너져야 할 이유

얼마 전 교회 사무실에서 업무를 보고 있는데 고등학교 한 동창에게서 전화가 왔습니다. 이 친구는 고등학교 때부터 20대 초반까지 교회에 출석했지만 현재는 교회를 안 나가고 있었습니다.

"조 목사님! 잘 계신가?"

"지금 잘 계시게 생겼니? 코로나19 이후로 교회들이 다들 쉽지가 않네…."

"안 그래도 그것 때문에 전화했어. 교회가 너무 욕을 먹더라. 이러다가 교회들 다 망하는 거 아냐? 나도 먹고 살기 힘들어 죽겠는데 너 걱정돼서 전화했다."

친구는 진심으로 걱정되어 전화를 주었습니다. 자신은 이제 교회와 별 상관없는 사람이 되었고, 자신도 먹고 살기 힘들어 죽겠는데도 목회자인 친구가 걱정되어 전화를 준 것이었습니다. 그만큼 교회가 위태로워 보였던 겁니다. 요즘 교회 안팎으로 교회에 대한 많은 걱정과 우려가 쏟아지고 있습니다. 코로나19 전에는 교회의 건강성을 걱정했다면 코로나19 이후로는 교회의 존립 여부를 우려하고 있습니다. 상황은 정말 심각합니다.

이 상황 속에서 교회는 계속 존립할 수 있을까요?

본문의 이야기는 예수님의 충격적인 선포로 시작됩니다. 예수님은 이 성전이 철저히 무너질 것을 예언하십니다.

> 예수께서 이르시되 네가 이 큰 건물들을 보느냐 돌 하나도 돌 위에 남지 않고 다 무너뜨려지리라 하시니라 (막 13:2).

실제로 로마의 티투스 장군은 성전을 무너뜨리고 그 자리에 원형 경기장인 콜로세움을 세웠습니다.

왜 예수님은 성전을 무너뜨리라고 하셨을까요?

두 가지의 이유를 파악할 수 있습니다.

첫째, 성전이 외식의 장소가 되었기 때문입니다.

당시 유대인들은 성전 밖에서는 세상의 옷을 입고 살다가 성전에 들어오는 날만 종교의 옷으로 갈아입고 들어왔습니다. 이것은 명백한 외식입니다. 많은 주석서가 이 당시에 외식하는 자는 연극을 하던 배우를 가리킨다고 봅니다. 그러니 이들은 성전에 오는 날은 신앙인으로 연기를 하며 제사에 참석했던 겁니다. 연기가 끝나면 성전 밖에 나가서 하나님 없이 살았습니다.

이재철 목사는 그의 저서 『비전의 사람』에서 예수님이 성전을 무너뜨린 이유를 이원론 때문으로 보고 있습니다. 유대인들은 하나님이 계신다고 믿는 성전 안에서의 삶과 하나님이 계시지 않는 것으로 여기는 성전 밖에서의 삶을 일치시키지 않았다고 지적합니다. 이렇듯 성전은 연기자들의 무대가 되었기에 예수님은 성전을 무너뜨리고자 하신 겁니다.

둘째, 성전의 화려함이 사람들의 인식을 속이고 있었기 때문입니다.

예수님 옆에 있던 한 제자는 성전의 위용을 예수님께 자랑합니다(막 13:1). 당시 사람들은 너나할 것 없이 성전이 아름다운 돌로 꾸며진 것을 자랑합니다(눅 21:5). 즉, 제자들을 포함한 유대인들은 당시 성전의 외면의 화려함과 위용을 자랑했습니다. 당시의 성전은 헤롯이 46년에 걸쳐서 공사했던 성전입니다. 공사 기간이 매우 긴 나머지 이 성전은 예수님 사후에 공사가 완료될 정도였습니다. 유대의 역사가인 요세푸스 Flavius Josephus에 따르면 돌 하나의 길이가 20미터에 달했다고 합니다.[1] 그러니 유대인들이 자랑할만 했겠지요.

유대인들은 화려한 성전이 자신들을 대변한다고 생각했습니다. 그 결과 자신들의 인생이 성전처럼 화려하며 크다고 착각한 겁니다. 저도 10여 년 전에 성도가 1만 명에 육박하는 대형교회에서 사역했던 적이 있습니다. 사람들이 제가 다니는 교회를 다 알아 주고 제가 거

---

1 양용의, 『마가복음 어떻게 읽을 것인가』 (서울: 성서유니온선교회, 2010), 297.

기에 소속되어 있다는 것을 알고 출세했다는 농담조의 이야기를 해주시는 분들도 있었습니다. 그럴 때 으쓱해지기도 하더군요. 내가 뭐나 되는 줄 착각했던 것이지요. 그러나 내가 아무것도 아니라는 사실을 깨닫는 데는 시간이 그리 많이 필요하지 않았습니다.

우리도 큰 회사나 일류 대학교에 소속되고, 큰 경제력을 소유하면 자신이 꽤 괜찮은 사람인 줄 착각하게 됩니다. 사람들이 인정해 주고 알아주니 그런 마음이 생깁니다. 그러나 매우 위험한 착각입니다. 자신을 둘러싸고 있는 크고 화려한 외면적 모습에 실제 자신의 모습이 가려져 쉽게 노출되지 않으니 자신을 괜찮은 사람이라고 착각하게 된다는 거지요. 이처럼 성전의 화려함과 큰 위용에 취한 유대인들은 성전에 기대어 자신을 더욱 더 교만하게 인식하게 되었던 겁니다.

예수님은 외식의 장소로 변질된 성전, 교만하게 만드는 성전을 그대로 두실 수 없었습니다. 유대인들은 성전이 세워진 장소를 '지구의 배꼽'이라고 생각했습니다.[2] 즉 성전이 우주의 중심이기에 그 성전에 출입하는 자신들도 중심이라고 여겼던 겁니다. 그래서 이스라엘은 이방인들을 무시하고 우습게 보는 민족적 배타주의가 가득했던 겁니다. 그러니 예수님은 성전이 신앙에 도움이 되지 않고 오히려 사람들의 마음을 미혹한다면 헐어버리는 것이 낫다고 여기신 겁니다.

청파교회의 김기석 목사는 한 유튜브 방송에서 "가장 신성한sacred 것이 변질되면 가장 마성적demonic인 것이 된다"[3]는 언급을 했습니

---

2   류모세, 『열린다성경: 성전 이야기』(서울: 두란노서원, 2009), 35.
3   청파교회 김기석 목사, "목사님들의 성추문, 정치적 선동을 보면 … 제가 믿는 기독교가 이런 건가요?", YouTube채널 〈잘잘법〉 EP. 20, 2020.02.21.

다. 성전이 변질되면 세상에 그보다 더 추악해지는 것은 없다는 의미입니다. 추악해진 성전을 다시 세우기 위해서는 먼저 무너뜨려야 합니다. 애매한 개선은 온전한 개혁으로 이어지지 않습니다. 온전한 개혁은 무너진 터 위에서만 가능한 법입니다.

성전이 무너질 것이라는 예수님의 선언에 제자들을 포함한 유대인들은 무척 혼란스러웠을 겁니다. 유대인들에게 성전은 막대한 영향력을 끼쳤습니다. 과거 역사를 보면 성전이 무너지며 나라가 망하기도 했고, 성전을 세움으로 무너진 국가의 기능이 다시 재개되기도 했습니다. 그들에게 성전이란 자기 자신, 그 이상을 의미했습니다. 그런데 이런 '성전'이 무너진다니요. 그들은 성전이 무너지는 것을 하나님이 자신들을 버린 것으로 여겼습니다. 그러나 이것은 인간의 유한한 판단일 뿐입니다. 하나님은 그들을 버린 것이 아니라 그들을 다시 세우시고자 하신 겁니다.

새로운 질서를 위한 혼돈

일리야 프리고진 Iya Prigogine은 자신의 저서 『혼돈으로부터의 질서』(자유아카데미, 2011)에서 "혼돈이란 단순히 의미 없는 요동이 아니라 언제라도 질서를 창출할 수 있는, 다시 말해 질서를 내포한 상태"라고 주장합니다. 저자의 말에 따르면 혼돈은 단순한 요동이 아닙니다. 혼돈은 옛 질서와 새로운 질서의 충돌로 발생하는 요동입니다. 그러니 혼돈이 있다는 것은 과거의 옛 질서가 종식되고 새로운 질서가 세워짐을 알리는 신호라는 겁니다.

그러므로 새 질서를 불러온다는 면에서 혼돈은 좋은 것입니다. 건물 재건축을 떠올려 보세요. 옛 건물을 먼저 부숴야 되잖아요. 그러니 먼지 날리고 소음도 큽니다. 말 그대로 혼돈 자체입니다. 그런데 그 혼돈의 과정을 거쳐 새로운 건물이 완공됩니다. 그러니 먼지 날리고 소음이 일어나는 혼란스러운 상황은 오히려 새 건물을 세우는 좋은 신호이기도 합니다.

코로나19라는 혼돈이 우리에게 찾아왔습니다. 한국 교회는 대혼란을 겪고 있는 중입니다. 예배가 정부의 통제 아래 들어갔고, 사회에서 신뢰를 완전히 상실하게 되어 혐오 집단이 되었습니다. 코로나19 기간 동안 교회를 이탈한 성도들이 다시 복귀할지는 미지수입니다. 이처럼 혼돈은 매우 안타까운 몇몇 현상을 발생시키지만 본질적으로 새 질서를 창출하는 것이기에 교회는 이 혼돈의 과정을 거쳐 오히려 새 시대를 열 수 있다는 희망을 가질 수 있습니다.

앞서 언급했던 책인 『김미경의 리부트』에 보면 한 학생의 일화가 소개됩니다. 드론 비행 대회에서 초등학교 4학년 학생이 어른 참가자들을 누르고 대상을 탔습니다. 이 학생은 전교생이 14명인 시골 학교 학생인데 혼자 유튜브를 보고 드론을 독학했다는 겁니다. 이 소년은 이제 코딩과 인공지능에 손을 대고 있으며 혼자서 자율주행하는 드론을 제작 중이라고 합니다.

어느 토요일 저녁에 이 내용을 읽고 도전이 되어 중고등부 주일예배 때 이 학생의 이야기를 들려주었습니다.

참 대단하지 않습니까?

이 학생은 코로나19라는 위기를 맞았습니다. 코로나 때문에 학교도 가지 못했을 것이고 그래서 상당한 혼란을 겪었을 겁니다. 그러나 유투브를 통해 제공된 교육 컨텐츠를 활용해 새 질서의 파도에 올라 탔고, 유능한 서퍼로 종횡무진하고 있습니다.

이렇게 기존의 질서가 무너지는 것은 그대에게 불운이 되지 않습니다. 오히려 누구에게나 새 질서의 주체가 되는 기회를 제공하기 때문입니다. 마찬가지로 성전이 무너지는 것은 이스라엘이 불운하거나 저주를 받은 것이 아니라 오히려 하나님이 새로운 역사의 주체자로 설 수 있도록 이스라엘에게 기회를 제공해 주신 겁니다.

그런 의미에서 예수님도 성전의 무너짐을 "재난의 시작"(막 13:8)이라고 하셨습니다. 여기서 "재난"은 헬라어로 '오디논'^{ὠδίνων}인데, 이 단어는 '산통'birth pains이란 뜻입니다. 새로운 생명이 태어날 때 산통이 시작되듯이 새로운 성전 시대를 낳기 위해서는 산통이 필연적으로 발생한다는 것이지요.

코로나19가 휩쓸아친 후 한국 교회는 많이 아픕니다. 내적으로는 분열에, 외적으로는 비방에 시달리고 있습니다. 일각에서는 이런 한국 교회의의 상황을 보고 희망이 없다고 말합니다. 그러나 저는 희망이 있다고 봅니다. 그 이유는 지금 우리가 겪는 이 고난이 산통이기 때문입니다. 죽음으로 가는 '고통'이 아닌 생명을 낳는 '산통'이기에 말입니다. 그래서 아픔 속에서도 희망을 엿볼 수 있습니다.

누군가는 한국 교회가 스스로 자정 능력을 잃어버렸다고 말합니다. 저는 이 말이 일정 부분 맞다고 생각합니다. 그래서 교회 스스로 안 되기에 하나님이 코로나19를 허락하심으로 한국 교회가 산통을 통해 새로운 교회로 재탄생하기를 원하고 계신다고 여겨집니다.

예수님은 이 산통을 '피하라'고 하시지 않고 '조심하라'고 하십니다(막 13:9). 즉, 이런 배척 가운데서도 자신의 신앙을 유지하도록 인내하라는 겁니다. 두려움으로 회피하는 것이 아니라 주의하면서 견뎌 내라는 겁니다. 산통이 끝나고 새로운 교회로, 새로운 자아로 다시 태어날 때까지 우리는 반드시 산통을 피할 것이 아니라 직면하고 부딪혀서 싸워 이겨 내야 합니다. 아프고 지치더라도 회피하지 말고 이 고통을 받아들여야 합니다. 그래야 다시 태어날 수 있기 때문입니다.

아내가 첫째와 둘째 아이를 낳기 위해 병원에 갔을 때 기도하며 병원 로비를 거닐었습니다. 걱정 반, 기도 반으로 밖에서 응원했습니다. 남편이라고 해도 결국 할 수 있는 것은 이것이 전부였습니다.

그러나 예수님은 다르십니다. 예수님은 새 질서의 파도에서도 물 위를 걸어오십니다. 그분이 그대의 손을 붙잡고 이제 함께 이 파도를 걷자고 말씀하십니다. 버거운 산통의 시간 속에서도 신랑이신 예수님이 그대의 손을 붙잡아 주시다면 능히 이길 수 있습니다. 즉시 예수님의 손을 붙잡고 새로운 파도에서 그대의 뉴 웨이브를 만들어 가길 기도합니다.

즉시 삶으로 *Now Faith*

(1) 지금 이 시기는 한국 교회에 깊은 자기 성찰이 요구되고 있습니다. 캐내도 캐내도 더 개혁해야 할 부분이 나오고 있기 때문입니다. 그런데 안타깝게도 일부 성도들은 개혁의 대상을 타인과 지도자로만 보고 자신은 개혁의 대상의 범주에 넣지 않습니다. 자신은 개혁의 주체가 되려고 할 뿐 개혁의 대상으로 여기지 않습니다. 교회가 다시 건강하게 회복되는 비결 중 하나는 모두가 각자 스스로를 개혁의 대상으로 인지하는 겁니다.
그대는 개혁의 주체입니까?
개혁의 대상입니까?

(2) 피해야 할 싸움이 있는가 하면 받아들여야 할 싸움도 있는 법입니다. 산통은 새로운 생명을 탄생시킬 싸움이기에 피해서는 안 되는 싸움입니다. 예수님은 이 고통을 피하지 말고 조심하라고 말씀하시며 이 싸움을 잘 견디고 이겨 내라고 격려하십니다.
그대의 신앙이 새롭게 태어나기 위해 싸워야 할 싸움은 무엇입니까?

더 깊은 묵상을 위한 참고 성경 구절

요 16:21
갈 4:19
벧전 1:6-9

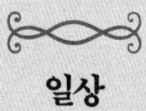

일상

"나 자신도 감옥에서 발견한 건 일상이야 …
장기수의 큰 약점이 오랫동안 일상에서 이탈하면서
관념화한다는 거야 … 현실이 위대한 화면이야."

황석영(한겨레신문 인터뷰 중, 2005.7.10)

제10장

피로사회를 사는 그대에게

> 다 배불리 먹고(막 6:42).

일상을 벗어난 쉼은 만족스러운 쉼이 될 수 없다

베를린예술대학의 한병철 교수는 『피로사회』(문학과지성사, 2012)를 발간했습니다. 저자는 '성과'와 '자기 착취'라는 두 가지의 키워드를 가지고 왜 우리 사회가 피로사회가 되었는지를 분석합니다.

저자의 주장을 요약해 보면, 우리가 살아가는 이 시대는 성과시대인데 성과는 "강제하는 자유" 혹은 "자유로운 강제"로 정의할 수 있습니다. 언뜻 보면 성과를 내고 안 내는 것이 각자의 자유에 맡겨진 것 같지만 성과주의가 가득한 시대 속에서 살아간다는 것은 이미 성과를 내야 한다는 강제 혹은 의무에 이미 결박된 상태라는 겁니다.

그러니 이 시대를 살아가는 사람들은 착취당한다는 인식도 하지 못한 채 스스로를 자기 착취에 자발적으로 참여시키고 있습니다. 이런 자기 착취의 과잉으로 우리 사회는 피로사회가 되었다고 저자는 진단

합니다. 피로사회를 극복하기 위해 저자가 제시한 해법은 각 개인이 이런 사회적 흐름을 인식하고 흐름에 저항하는 것이라고 말합니다.

그대는 어떻습니까?

피로사회를 사는 그리스도인으로서 어떤 해법을 가지고 있습니까?

남들이 다 그렇게 살고 있으니 당연하다면서 아무렇지 않은 척 수용했나요?

아니면 해법을 찾고자 하나님 앞에서 몸부림 치고 있나요?

하나님은 피곤한 그대에게 어떤 해법을 주실 수 있을까요?

피곤하지도 곤비하지도 않으신 하나님(사 40:28)은 안식을 하셨고 인류에게 안식을 요구하십니다. 이렇게 쉼은 매우 신적인 divine 행위이기에 우리에게 쉼은 선택이 아니라 필수적인 일입니다. 무명의 한 신학자는 쉼을 "창조적 괄호"Creative Parenthesis로 표현했습니다. 괄호 안의 영역은 무한대입니다. 얼마든지 늘어날 수 것이 괄호입니다. 즉, 쉼을 통해 무한대의 영감과 창조적인 일들이 일어날 수 있다는 말입니다.

이렇게 중요한 쉼을 그대는 어떻게 쉬고 있나요?

대개 사람들은 쉼을 가지기 위해 물리적 휴식을 취합니다. 그렇게 해서라도 충전하겠다는 겁니다. 물론 이것이 부분적으로 도움은 되겠지만 진정한 의미에서의 채움은 기대하기 어렵습니다. 요즘 '쉼포족'이 늘고 있습니다. 삶이 분주하고 고단해서 쉼을 엄두도 못내는 것이지요. 그러니 더욱 분주할 것으로 예상되는 현대 사회 속에서 더 많은 양의 물리적 휴식을 확보하기는 현실적으로 어렵습니다.

설사 물리적 휴식의 양을 더 많이 확보한다 하더라도 그 시간만으로는 복잡한 구조 속에서 복잡한 이유로 발생하는 스트레스와 그로 인해 발생되는 방전을 극복한다는 것은 매우 순진한 생각일 뿐입니다. 직장에서는 암이 걸릴 만큼 스트레스를 받고 있는데, 이 상황이 조정되지 않는 상태에서 며칠 혹은 몇 주간의 물리적 휴식을 취한다 하더라도 직장에 복귀한 순간 금세 똑같은 스트레스에 시달릴 것은 불을 보듯 뻔합니다. 그러니 일상을 벗어난 물리적 휴식만으로는 문제를 해결하기 어렵습니다.

그렇다면 대안은 결국 일상 안에서 찾아야 합니다. 일상을 벗어난 잠깐의 도피로 해결할 수 없습니다. 삶 자체 안에서 해결을 해야 진정한 해법이 되는 겁니다. 전쟁터 같은 일상 속에서 쉼을 누릴 수 있는 영적 내공이 필요합니다.

일상에서의 쉼

> 사도들이 예수께 모여 자기들이 행한 것과 가르친 것을 낱낱이 고하니 (막 6:30).

파송을 받아 전도 미션을 수행(막 6:7)한 후 돌아온 제자들은 예수님께 낱낱이 자신들의 사역을 보고합니다. 마가는 의도적으로 이때 제자들을 "사도"라고 부릅니다. 추후에 "제자"란 호칭을 다시 쓰는 것을 보니(막 6:35) 여기에서는 사도와 제자를 구분하려는 의도가 엿보입니다.

사도는 특별한 사명을 수행하는 자에게 붙는 호칭입니다. 반면에 제자는 스승에게 배워야 할 교육이 요구되는 대상을 가리킵니다. 사도들은 가치관이 충돌하는 긴장감 넘치는 전쟁터를 다녀온 사람들입니다. 세상 나라의 가치관으로 살아가는 자들에게 하나님 나라의 길을 전했으니 그곳은 전쟁터를 방불케 하는 충돌의 현장이었습니다.

보고를 받은 예수님은 제자들에게 쉬라고 하십니다.

> 이르시되 너희는 따로 한적한 곳에 가서 잠깐 쉬어라(막 6:31a).

여기서 "쉬어라"라는 헬라어로 아나파우사스테 $\dot{\alpha}\nu\alpha\pi\alpha\acute{u}\sigma\alpha\sigma\theta\varepsilon$ 인데, 이 말에는 '멈추다'라는 뜻도 있습니다. 예수님이 제자들에게 멈춤을 요청한 것은 하나님의 뜻을 발견하도록 하기 위함이었습니다. 예수님이 계속되는 사역에서도 일부러 한적한 곳에 나가서 기도를 통해 하나님의 뜻을 발견했던 것처럼 제자들에게도 이런 쉼을 요청한 것입니다.

그런데 제자들의 쉼을 방해하는 듯한 큰 무리가 등장합니다. 예수님과 제자들이 쉬러 가기 위해 배를 타고 한적한 곳으로 이동하자, 그들을 알아본 무리가 달려가 배보다 앞서 목적지에 도착합니다. 예수를 만나고자 하는 열망으로 짧지 않은 거리를 단숨에 뛰어온 그들을 보시고 예수님은 불쌍히 여기시며 그들을 가르치십니다.

이 부분에서 제자들은 예수님이 거짓말을 하시거나 말을 바꾸신 것으로 오해할 수 있었습니다. 예수님은 분명히 한적한 곳에 가서 잠깐 쉬라고 말씀하셨습니다. 그래서 제자들과 예수님은 함께 한적한 곳에 가셨는데 예수님은 그곳으로 달려온 무리를 가르치셨습니다. 쉬지 않고 일하신 겁니다. 한적한 장소에 오긴 했지만 예수님은 약속대로 쉬지 않고 다시 일하기 시작하셨습니다.

그래서 이 본문을 보면서 '예수님도 바쁘시니 쉬지 못하시는구나, 우리와 별반 다르지 않구나'라는 이상한 결론으로 위로를 받을 수도 있습니다.

이것은 우리 생각의 한계입니다. 우리는 쉼이란 기본적으로 일상을 벗어난 시공간 속에서 갖는 것으로 이해합니다. 그러나 예수님의 쉼은 일상 안에서 진행됩니다. 일상을 탈피하지 않고서도 그 안에서 쉼을 가지셨습니다. 성경적인 쉼은 예수 그리스도와의 연합으로 발생하는 관계적인 성격의 것입니다.

예수님의 가르침은 날이 저물 때까지 이어집니다. 날이 저물어가자 제자들이 먼저 예수님께 와서 무리를 내보내서 식사를 사 먹게 하라고 요청합니다(막 6:36). 여기에서 제자들의 불편한 마음이 엿보입니다. 제자들은 무리 때문에 자신들의 쉼이 강제로 빼앗겼다는 생각에 저녁 식사를 명분삼아 무리를 보내고 쉬고 싶었던 겁니다. 그러나 예수님은 오히려 그들에게 먹을 것을 주라고 요구하십니다.

　　대답하여 이르시되 너희가 먹을 것을 주라(막 6:37a).

예수님은 제자들의 마음도 모르는 눈치 없는 사람처럼 보입니다. 역시나 제자들이 퉁명스럽게 말을 내뱉습니다.

　　여짜오되 우리가 가서 이백 데나리온의 떡을 사다 먹이리이까(막 6:37b).

한 데나리온은 한 사람의 일당에 해당되는 금액입니다. 그러니 200명 분의 일당은 제자들로서는 구할 수 없는 큰 금액입니다. 그런

큰돈을 구할 수도 없었고 자신들의 휴식을 앗아간 저들을 위해 이런 큰돈을 쓰면서까지 이들을 먹여야 하는지에 대한 불만도 있어 보입니다. 그러니 제자들 입장에서는 열도 받고 당황스러운 거지요.

그래도 예수님은 아랑곳하지 않고 제자들에게 명하셔서 모든 사람들을 떼를 지어 푸른 잔디 위에 앉히십니다(막 6:39-40). 예수님은 끝까지 제자들에게 일을 시키십니다. 이제 쉬자는 약속은 그분의 뇌에서 망각된 듯 보입니다. 제자들의 인내심은 이제 바닥을 드러내기 시작했습니다.

바로 이때 놀라운 일이 벌어졌습니다. 오병이어로 군중 5,000명을 먹이는 기적이 일어난 것이었습니다. 이들 군중은 정치적 힘을 '목자'로 인식하며 살아왔던 사람들입니다. 병행구절인 요한복음 6장에 실린 오병이어의 기록을 보면 이들은 오병이어를 경험한 후 예수님을 왕으로 세우려고 합니다. 이것을 볼 때 이들의 정체는 로마로부터 이스라엘을 독립시키기 위해 군집했던 애국운동 집단으로 보입니다.[1] 이들은 분주한 애국운동 활동으로 인해 쉬지 못했을 겁니다. 나라를 빼앗긴 판에 쉰다는 것이 그들에게는 사치처럼 느껴졌을 겁니다. 그들을 나라를 위해 살아야 된다는 명제 앞에 한껏 고무되어 있었고, 삶의 목적을 나라의 독립에 맞추었습니다.

그런데 그런 그들에게 오병이어는 예수님의 메시아 됨을 선포하는 사인이었습니다. 정치적 메시아를 기다리던 유대인들에게 영적 메시아로서의 예수님을 맛보게 하셨습니다. 이 군중들은 난생 처음 그곳

---

[1] R.T. 프랑스, 『NIGTC 마가복음』, 이종만 외 2명 역 (서울: 새물결플러스, 2017), 441.

에서 진정한 안식과 쉼을 경험한 겁니다.

이 기적을 가장 가까이서 본 사람들은 바로 제자들이었습니다. 그 놀라운 기적을 통해 제자들은 영적 카타르시스를 경험했을 겁니다. 쉼을 빼앗겼다고 툴툴댔지만 그 자리에서 놀라운 기적을 맛봄으로 모든 피로를 말끔히 씻겨 내려가게 하는 진정한 쉼을 누리게 됩니다. 남은 음식은 열두 바구니에 가득 차게 되었는데(막 6:43) 열두 바구니는 열두 제자들을 상징합니다. 그들의 내면이 얼마나 풍성하게 충전되었는지를 보여 주는 대목입니다.

제자들은 일상을 벗어나지 않고도 진정한 쉼을 경험하게 되었습니다. 오병이어 기적이 일어난 이 자리는 5,000명에게 쉼과 안식을 주는 자리였지만, 동시에 제자들에게 진정한 쉼이 무엇인지를 보여 주시기 위한 그분의 초청의 자리였습니다.

물리적 휴식만으로 우리는 오늘날과 같은 피로사회에서 견딜 수 없습니다. 자기 착취는 물리적 휴식 시간에서조차도 일어나기 때문입니다. 그러니 물리적 휴식 그 이상의 쉼이 필요합니다. 일하면서도 안식할 수 있는 건강한 영적 리듬이 필요합니다. 일상에서의 안식을 가능케 할 분은 예수 그리스도이십니다.

즉시 삶으로   *Now Faith*

(1) 앞서 쉼은 창조적 괄호라는 한 신학자의 말을 인용했습니다. 이 언급이 강조하는 것은 쉼을 통해 인간은 괄호 안에 넣을 무한대의 영적 힘을 공급받을 수 있다는 겁니다. 안식의 대표적인 날은 주일입니다. 주일에 공급받는 영적인 힘으로 주중 6일이라는 괄호에 창조적인 사건을 넣을 수 있습니다.

그대는 주일을 어떻게 보내고 있나요?
주일에 공급받고 있습니까?
공급받기 위해 내가 깨어 있어야 할 부분은 어떤 것일까요?

(2) 성경적 쉼은 예수 그리스도와의 연합으로 발생하는 관계적인 성격의 것입니다. 그래서 쉼은 얼마든지 일상에서도 누릴 수 있습니다. 일상에서의 쉼을 확보하기 위해 필요한 것은 예수 그리스도와의 관계입니다.

예수님과의 관계 성장을 위해 그대가 기울여야 할 노력에는 어떤 것이 있습니까?

더 깊은 묵상을 위한 참고 성경 구절

창 2:1-3
출 20:11
마 11:29
계 14:13

제11장

어디를 바라볼지 모르는 그대에게

> 예수께서 말씀하여 이르시되 네게 무엇을 하여 주기를 원하느냐 맹인이 이르되 선생님이여 보기를 원하나이다(막 10:52).

나이가 들수록 욕망도 커지는 것 같아요. 예수님은 무엇을 먹을까 고민하지 말라고 하셨는데 저는 무엇을 '더' 먹을까 욕망합니다. 욕망한 만큼 살이 붙었다면 전 이미 헤비급이 되었을 것 같아요. 그런데 욕망에는 두 길이 있습니다. 세상 나라 욕망과 하나님 나라 욕망입니다.

세상 나라 욕망은 살이 붙습니다. 이것저것에 욕심을 내니 욕심의 살이 붙는 것이죠. 살이 붙으니 삶이 깔끔하지 못하고 군더더기가 가득합니다. 이에 비해 하나님 나라 욕망은 삶을 날씬하게 만듭니다. 세상 것들이 욕심난다고 아무것이나 먹어 치우지 않습니다. 야채와 단백질을 먹어야 몸이 좋아지는 것처럼, 하나님 나라 욕망은 꼭 내 영혼에 좋은 것들만 섭취하게 하고, 그 결과 담백하고 탱탱한 삶의 질을 유지할 수 있게 합니다.

예수님은 제자와 무리를 나누셨습니다. 제자는 하나님 나라를, 무리는 세상을 욕망합니다. 무엇을 욕망하느냐로 제자와 무리는 구분됩니다. 제자가 세상을 욕망한다면 그는 제자의 껍질을 가진 '세속적 제자'가 되고, 무리가 하나님을 욕망한다면 그는 겉보기와는 달리 '경건한 무리'입니다. 어떤 욕망을 가지느냐가 그의 정체성을 결정합니다.

이재철 목사는 자신의 저서 『사도행전 속으로 10』(홍성사, 2015)에서 음향을 전공한 황병준 집사의 한 관찰을 소개합니다. 그는 54회 그래미상에서 한국인 최초로 클래식 음반 최우수 녹음기술상을 수상할 정도로 실력가입니다. 한번은 두 종교 기관의 소리를 녹음했다고 합니다. 전라남도 승주군 송광사에서 새벽 예불을 하는 스님 한 분의 독경과 목탁 소리를 녹음했고, 또 한국에서 이름만 대면 다 알만한 한 교회의 특새(특별 새벽기도회) 실황을 녹음했다고 합니다. 그런데 개신교인 수천 명의 통성기도 소리가 스님 한 분의 독경과 목탁 소리에 담긴 내공을 이기지 못했다고 합니다. 이유를 물으니 스님과 목탁 소리는 자신을 비우려는 소리인 반면, 개신교의 기도 소리는 욕망을 채우려는 소리이기 때문이라고 답변했다 합니다.

개인의 의견이니 객관화할 수는 없는 말입니다다만 내심 찔리긴 합니다. 하나님 앞에 기도할 때 내 기도의 주파수는 하나님이 아니라, 내 욕망을 성취해 줄 '아무런 신'에게 맞추어져 있는지도 모르겠습니다.

모세가 시내산에 올라가 있던 틈을 타 이스라엘 백성은 자신들을 이끌어 줄 하나님을 만들어 줄 것을 아론에게 요구했습니다. 꼭 하나님이 아니어도 되니 내 기도에 응답하고 나를 만족시켜 줄 수 있는 신을 세워 달라고 요구한 것이지요. 그 결과 탄생한 것이 황금송아지였습니다.

어쩌면 우리도 지금 '아무런 신'을 아무렇게나 세우고 있는 것은 아닐까요?

제자의 껍질을 가진 채 세상을 욕망하는 내 모습이 참으로 찔리네요.

세속적 제자, 거룩한 무리

예수님의 제자들은 세속적 제자에 가까웠습니다. 야고보와 요한은 "너희에게 무엇을 하여 주기를 원하느냐"(막 10:36)는 예수님의 물으심에 "예수님의 좌, 우편 자리"(막 10:37)를 달라고 요구합니다. 아마도 이들은 첫째가 말째가 될 것이라는, 예수님이 베드로에게 하신 말씀(막 10:31)을 듣고는 이 기회를 틈타 일종의 혁명을 일으켜 넘버원 자리를 차지하고 싶었던 것으로 보입니다.

이들의 겉모습은 갈릴리 바다에서 사람을 낚았지만, 이들의 속은 욕망의 바다에서 출세를 낚고 있었습니다. 이들의 겉은 제자였으나 이들의 속은 무리였습니다. 그래서 이들을 '세속적 제자'로 표현하는 것이 제일 어울릴 듯합니다.

하나님은 야고보와 요한 형제와 대화를 마치신 후에 대비될 정도로 다른 욕망을 지닌 한 사람을 등장시키는데 그는 바로 바디매오입니다. 그는 앞을 보지 못하는 소경입니다. 케네스 E. 베일리 Kenneth E. Bailey의 저서 『중동의 눈으로 본 예수』(새물결플러스, 2016)는 이 당시 소경이 사회에서 어떻게 인식되었는지를 잘 보여 줍니다.

잠깐 책의 내용을 요약해 보면, 이스라엘 사회에서는 걸인들이 불쌍하게 구걸하지 않는다고 합니다. 구약성경이 과부와 고아들과 가난한 자들을 대접하라고 요구했기에 자연스럽게 사회의 분위기는 걸인을 호의적으로 바라보는 것이었습니다. 실제로 지금도 중동의 어떤 지역에서는 걸인들이 돈을 받으면, 그 자리에서 돈을 준 사람의 이름을 부르고 "이 사람은 하나님께 복 받을 자로다"라고 말하면서 박수를 쳐 준다고 합니다. 그러니 적선하는 입장에서는 그렇게 큰 손해가 아니겠지요. 돈을 조금만 내도 공공장소에서 자신의 이름이 불려지고 박수까지 받으니 꽤 이익으로 느껴졌을 겁니다.

사회적 분위기가 이러했으니 그 당시 걸인들은 당당하게 적선을 요구할 수 있었을 것입니다. 더욱이 바디매오는 앞을 보지 못하는 중증환자이니 더 당당하게 요구할 수 있었고 그 결과 더 많은 돈을 적선 받았을 겁니다.

이렇게 이스라엘 사회는 병자와 걸인들이 당당한 사회였습니다.

이쯤 되면 이제 입장 바꿔서 생각해 볼까요?

이 글을 읽고 있는 그대가 바디매오라면 눈을 뜨고 싶었을까요?

평생을 맹인으로 살았기에 직업 훈련을 받은 적도 없었을 텐데, 막상 고침을 받아 눈을 뜨면 이제 자신 스스로 생계를 책임져야 합니다. 그러니 눈을 떴을 때의 기쁨은 잠깐이고, 평생 생계 걱정이 더 컸을 겁니다.

남자들은 군대 제대할 때가 되면 얼마나 기쁜지 모릅니다. 그런데 기쁨은 잠깐이고 곧 현실의 부담감이 밀려오기 시작합니다. 막상 제대하려니 현실이 주는 막막함에 위축되기 시작합니다. 차라리 군대 안에서 먹여 주고 재워 줄 때가 좋은 때였음을 제대 날짜를 받고 나서야 깨닫게 되지요. 오늘 바디매오가 딱 이런 상황이었습니다.

눈 뜨는 기쁨은 잠깐!
생계의 부담은 평생!
그러니 바디매오는 웬만하면 눈 뜨고 싶지 않았을 겁니다.
그런데 바디매오는 왜 이렇게나 간절히 눈을 뜨려고 하는 걸까요?

> 예수께서 말씀하여 이르시되 네게 무엇을 하여 주기를 원하느냐 맹인이 이르되 선생님이여 보기를 원하나이다(막 10:51).

"선생님이여 보기를 원하나이다."
이 구절을 아랍어판 디아테사론 Diatessaron(사복음서 대조본)은 이렇게 번역했습니다.

> 제가 시력을 되찾아 당신을 보게 해 주십시오.[1]

이 번역은 오늘 우리가 읽은 한글 성경의 뉘앙스와 전혀 다릅니다. 한글 성경으로 보면 바디매오가 원하는 것은 단순한 시력의 회복을 요청한 것처럼 보입니다. 그런데 아랍어판 성경에서 바디매오가 원하는 것은 주님을 보는 것이었습니다. 주님(당신)을 보는 것이 목적이니 시력을 회복시켜 달라는 것이었습니다.

---

1 케네스 E. 베일리, 『중동의 눈으로 본 예수』, 박규태 역 (서울: 새물결플러스, 2016), 273.

이렇게 욕망을 비우고 진정성으로 나간 바디매오에게 예수님은 말씀하십니다.

> 예수께서 이르시되 가라 네 믿음이 너를 구원하였느니라 하시니 그가 곧 보게 되어 예수를 길에서 따르니라(막 10:52).

그에게 구원이 임합니다. 바디매오는 무리였지만 그가 예수님의 존재 자체를 욕망했을 때 그는 '거룩한 무리'로 변화를 받은 겁니다.

제임스 카메론James Cameron 감독이 제작한 〈아바타〉라는 영화가 있습니다. 한국에서도 엄청난 반향을 일으켰던 영화입니다. 영화를 보면 두 남녀 주인공의 사랑이 절정에 다다랐을 때, 사랑 고백을 하는데 "I love you"가 아니라 "I see you"(나는 당신을 바라봅니다)라고 고백합니다.

사랑의 절정은 상대방을 바라보는 겁니다. 그 사람의 스펙과 어떠함에 상관없이 사랑은 그 사람 존재 자체를 바라봐 주는 것입니다. 그 사람을 포장하고 있는 배경과 껍데기로 그 사람을 보는 것이 아니라, 그냥 그 사람 자체를 보는 것입니다.

바디매오는 예수님을 둘러싼 치유의 능력, 기적에 관심이 있지 않았습니다. 그가 보고자 했던 것은 바로 예수님 자체였습니다. 그가 눈을 뜨려는 목적은 바로 예수님 그분을 보고자 함이었습니다. 그래서 예수님을 향한 바디매오의 사랑 고백은 "I see you"(나는 당신을 바라봅니다)였습니다. 그대 역시도 즉시 예수님을 향해 고백하길 바랍니다.

"I see you."

즉시 삶으로 *Now Faith*

(1) 소원은 그 사람이 어떤 사람인지를 드러내는 일종의 시금석입니다. 다윗은 자기 때에 하지 못하더라도 성전 건축에 대한 소원이 있어 솔로몬이 성전 건축을 잘 해낼 수 있도록 준비시켜 주었으며, 바울은 고난이 있어도 복음을 전하기 위해 예루살렘으로 올라가길 원했습니다.
예수님께서 당신에게 "너희에게 무엇을 하여 주기를 원하느냐"라고 물으신다면 그대는 어떤 소원을 말씀드리겠습니까?

(2) 바디매오는 눈을 뜨고 난 뒤 자신의 욕망을 추구하기 위해 예수님과 '다른 길'로 가지 않고, 예수님을 따라갔습니다(막 10:52).
그대가 지금 걸어가고 있는 길은 예수님을 따라가는 길입니까? 아니면 자신의 사사로운 이익을 좇는 욕망의 길입니까?
방향을 틀어 예수님을 따르는 길로 들어서기 위해 내가 해야 할 노력은 무엇입니까?

더 깊은 묵상을 위한 참고 성경 구절

욥 27:8
약 4:3
롬 8:26
요일 3:32

제12장

실패를 강요당한 그대에게

> 이 사람이 마리아의 아들 목수가 아니냐 야고보와 요셉과 유다와 시몬의 형제가 아니냐 그 누이들이 우리와 함께 여기 있지 아니하냐 하고 예수를 배척한지라(막 6:3).

실패를 규정하는 것은 하나님의 권한이다

하루는 아이가 블록을 가지고 열심히 집을 만들며 놀고 있었습니다. 한참 열심을 내던 아이가 갑자기 짜증을 내며 블록을 집어 던지는 것이었습니다. 저는 물었습니다.

"왜 그래? 무슨 일이야?"

"망쳤어. 생각대로 안 만들어져!"

블록을 보니 집을 완성하고 문을 만들려고 하는데 생각대로 되지 않아 어떻게든 해 보려고 하다가 결국 화가 폭발하고 만 것이지요. 저는 아이에게 말해주었습니다.

"아들, 이건 망친 것이 아니야. 아들 생각대로 안 되었어도 아빠가 보기에는 매우 훌륭해, 너무 멋지게 잘 만들었으니까 아빠가 사진 찍어서 보관해 줄게!"

아들은 눈을 흘기며 싫다고 했지만 그래도 기분은 한결 풀린 듯 보였습니다.

그대는 인생을 살다가 많이 넘어지고 실패했다며 자책하진 않나요?

자신에게 실패가 누적되면 자신감이 결여됩니다. 그것이 트라우마가 되어 인생을 대하는 태도 또한 부정적으로 되고 위축됩니다. 그런데 여기에 하나의 함정이 있습니다. 실패가 무엇이냐는 것이지요.

그대에게 실패란 무엇입니까?

대개의 경우 사람들은 실패를 성공의 반대로 정의합니다. 그래서 국어사전에도 실패를 "일을 잘못해 뜻한 대로 되지 아니하거나 그르침"이라고 정의했습니다. 자신이 뜻하고 기대했던 결과에서 벗어나면 실패로 여깁니다. 그런데 이것이 바로 함정입니다.

자신이 뜻했던 결과에서 벗어나면 실패로 규정하는 것은 도대체 어디에서 온 기준입니까?

바울이 아시아로 선교 여행을 떠나려 뜻했으나 결국 하나님이 막으시고 다른 길을 트셔서 그는 유럽으로 방향을 바꿉니다.

그럼 자신의 뜻이 달성되지 못했으니 바울의 유럽 선교 여행은 실패입니까?

다윗은 사무엘에게 왕이 될 것이라는 예언과 함께 머리에 기름 부음을 받지만 10년 이상 사울 왕에게 쫓기며 유대 광야를 떠돌게 됩니다.

그럼 다윗의 10년은 실패하고 잃어버린 시간이 되는 것입니까?

그럴 수 없습니다. 바울도 다윗도 하나님의 적극적인 섭리 속에 있었기에 그 시간들을 실패라고 규정할 수 없습니다.

홈런왕 베이브 루스는 삼진을 1,330번을 당했습니다.

농구황제로 일컬어지는 마이클 조던은 고등학교에 다닐 때 농구부에서 탈락한 적도 있었습니다.

천재 과학자 아인슈타인은 네 살 때까지 말을 못했습니다.

음악의 성인으로 불리던 베토벤은 스승에게서 "작곡가로서는 별로 희망이 없다"는 평가를 받았습니다.[1]

인간은 근시안적인 존재입니다. 그래서 전체의 맥락을 잘 보지 못하고 단편적이고 부분적인 관점으로 상황을 이해하려 합니다. 이렇게 제한적인 시각으로 상황을 해석하니 일이 꼬이거나 힘든 상황에 직면하게 되면 금방 실패라고 규정하곤 합니다. 그러나 실패처럼 보이는 그 일이 시간이 지난 후에 어떻게 바뀔지는 그 누구도 예측하지 못합니다. 아인슈타인이나 마이클 조던 같은 위대한 자들도 한때는 실패자처럼 여겨졌습니다.

하지만 실패처럼 보이는 과정들이 쌓이고 쌓여 우리가 존경하는 자가 되었습니다. 그런 의미에서 그대의 인생에 실패란 없습니다. 성공과 실패를 규정하는 것은 하나님의 권한입니다. 자신의 잣대로 성공의 기준을 세우고 거기에 포함되지 않는 모든 것을 실패로 인식하는 것 자체가 실패일 뿐입니다. 하나님이 인간의 성공 기준에서 멀어진 것을 실패라고 규정하신 적은 단 한 번도 없습니다. 그렇기에 실패란 없습니다. 하나님의 권한을 침범하지 마십시오.

---

1 숀 코비, 『성공하는 10대들의 7가지 습관』, 김경섭 역 (서울: 김영사, 2005), 176.

실패란 건 없습니다

본문에서 예수님은 고향 나사렛으로 복음을 전하러 가십니다. 예수님은 신神이기도 하셨지만 인간이셨기에 예수님도 가족들 앞에 설 때는 부담이 있으셨을 겁니다.

저는 목회자로서 많은 부담을 느낄 때가 언제냐면 가족들 앞에서 예배를 인도할 때입니다. 어릴 때부터 저의 허물과 연약함을 고스란히 알고 있는 분들 앞에서 설교한다는 것이 참 곤란합니다. 그래서 가족들 애경사 때 예배를 인도해야 하는 자리에는 차라리 무슨 일이 생겨 가지 못하면 좋겠다는 생각이 들 때도 있을 정도입니다.

예수님이 자신은 인류의 구원자라고 공언하시니 그분의 가족과 고향 사람들은 예수님을 미쳤다고 생각했습니다(막 3장). 그러니 고향에서의 사역은 매우 부담스러우셨을지도 모릅니다.

대인관계에 탁월함을 가진 사람도 막상 가족과 관계 맺는 것을 어려워합니다. 그만큼 가족이란 집단은 내 마음처럼 안 되는 것이지요. 그러나 예수님의 중심에는 타오르는 복음의 열정과 영혼에 대한 갈망이 먼저였기에 그 마음이 예수님을 그곳으로 끌고 갔을 겁니다.

사람들은 예수님이 전하신 말씀에서 지혜를 느꼈고, 예수님이 손으로 행하신 기적을 보면서 이 능력이 어디서부터 온 것인지 호기심을 갖습니다. 그러나 이내 이들의 호기심은 바닥이 드러나고 그들은 예수님을 배척합니다.

결국 예수님을 어릴 때부터 봐 왔던 사람들은 선입견 때문에 예수님을 객관적으로 인지하는 데 실패합니다. 우리도 어릴 때부터 쭉 봐 왔던 사람은 그 사람이 나이 들고 성장해도 계속 어린이 보듯이 보는 관점이 있습니다. 일종의 낙인효과입니다. 이미 사회적 지위를 갖췄고, 더 이상 옛날의 그 아이가 아닌데도 고향만 가면 애 취급을 당하는 것처럼 예수님도 그런 선입견 때문에 환영받지 못하셨던 겁니다.

이에 예수님은 여기에서는 아무런 권능도 행하실 수 없었고, 다만 소수의 병자만을 치료하시고는 다른 지방으로 이동해 버리셨습니다. 여기까지만 보면 예수님의 사역은 실패한 것처럼 보입니다. 그러나 실패는 없습니다. 예수님의 형제 네 명의 이름이 나옵니다(막 6:3). 야고보와 요셉과 유다와 시몬입니다. 형제들의 이름을 구체적으로 언급한 의도가 있습니다.

야고보와 유다는 각각 신약성경 야고보서와 유다서를 기록한 저자입니다. 특별히 야고보는 초대교회의 기둥으로 불리며 예루살렘 공의회의 회장으로 일하기도 합니다(행 15장). 이때의 회장은 공의회를 대표하는 자리로서 오늘날로 따지면 한국 기독교의 총회장 정도의 자리였습니다. 야고보는 율법을 지키지 않으면서도 이방인의 구원이 가능한가라는 문제를 명쾌하게 해결하게 되면서 초대교회의 가장 핫하고 신뢰받는 리더로 급부상합니다. 그래서 베드로의 영향력을 뛰어넘게 되지요. 수제자인 베드로를 제치고 야고보가 회장 자리에 오른 것을 통해 당시에 그가 가진 영향력을 짐작해 볼 수 있습니다.

나머지 형제인 요셉과 시몬은 구체적으로 어떤 활동을 했는지는 모르겠지만 본문에 함께 이름이 언급된 것을 보면 이들 역시도 초대교회의 사역 안에서 활동했던 인물들로 추정 가능합니다.

사실 이들이 이렇게 변화되리라곤 상상하지 못했을 겁니다. 마가복음 3:32에 보면 예수님이 미쳤으니 고향으로 데리고 가자고 어머니 마리아와 형제들이 고향에서 예수님이 계셨던 가버나움으로 올라

온 일이 나옵니다.

> 예수의 친족들이 듣고 그를 붙들러 나오니 이는 그가 미쳤다 함일러라 (막 3:21).

여기서 "붙들러"라고 번역된 헬라어 단어 '크라테사이'ᵏρατῆσαι는 '멱살을 붙잡다'라는 뜻입니다. 지금 예수님의 친족들이 예수님의 멱살을 붙잡고 끌고 가려는 겁니다. 자기들이 봐도 너무 미쳐 보였던 게지요. 이런 분위기가 고향 나사렛에 있던 마리아와 예수의 형제들에게까지 들려졌기에 40킬로미터를 꼬박 걸어 예수님을 끌고 내려가려고 찾아온 겁니다.

이랬던 형제들이 이제는 변화가 되어 예수님의 든든한 동역자가 되고 초대교회를 세우는 일꾼들이 된 겁니다. 예수님이 고향을 찾아가 복음을 전한 것이 이들의 변화에 밑거름이 되었을 겁니다. 예수님의 사역이 헛된 것만은 아니었던 겁니다. 예수님은 실패한 것처럼 보이지만 그 행했던 사역에 대해서 하나님은 열매를 주셨습니다.

미국에는 NPW^{new product works}라는 박물관이 있습니다. 이곳은 미국 기업들이 실패한 제품들을 다 모아놓은 실패 박물관입니다. 유명한 회사들은 신제품 출시 전에 반드시 이곳을 견학한다고 합니다. 실패한 제품을 통해 신제품 개발에 대한 영감을 얻으려는 목적으로 방문하는 것입니다.

이 모습은 이미 실패한 제품들이 실패로만 끝나지 않음을 보여 줍니다. 이것들은 신제품 개발에 대한 좋은 교훈과 유의사항을 일러주는 역할을 하고 있습니다. 마치 선구자처럼 말입니다. 실패 제품들은 선구자가 되어 신제품이 나아갈 길을 모색해 주는 중요한 역할을 하고 있는 겁니다.

이것은 그대의 인생에도 그대로 적용됩니다. 그대가 지난날까지 무수히 경험했던 실패처럼 보이는 일이 있었기에 지금의 그대가 존재할 수 있는 겁니다. 지금의 그대 모습은 그냥 된 것이 아닙니다. 아파했고 눈물도 흘려봤고 숨 막히는 삶을 경험했기에 지금 이렇게라도 그대는 어려운 삶들을 잘 이겨 나갈 수 있게 된 겁니다.

이제 제 아들은 블록으로 문을 만드는 일은 눈 감고도 해냅니다. 식은 죽 먹기가 된 것이지요. 그것 때문에 화도 나고 짜증도 나고 실패의 맛을 경험한 과정이 쌓이고 쌓여 지금의 실력이 가능할 수 있게 된 것이지요. 제 아들은 자신만의 NPW를 매번 설립했던 겁니다.

그대여, 진정한 실패는 아무것도 하지 않는 겁니다. 실패할까봐 두려워, 게을러서 아무것도 하지 않았다면 그것이야말로 진짜 실패라는 것이지요. 그러니 우리가 시도했다면 그 결과가 어떻게 나오든 우리는 이미 성공한 겁니다. 즉시 신앙으로 실행하는 것만이 성공입니다. 그러니 당장 그대의 삶에서 신앙으로 시도해 보세요. 함께하시는 하나님이 반드시 열매를 주십니다. 그대가 할 일은 실패에 개의치 않고 의연한 마음으로 한 알 한 알 성실히 씨앗을 뿌리는 일일 뿐입니다. 즉시 말입니다.

즉시 삶으로

(1) 그대는 지금까지 많은 일을 실패로 규정했을지 모릅니다.
그렇다면 실패를 규정 짓는 기준은 어디서 가져온 것입니까?
이 일을 통해 그대가 어떤 가치관에 통제를 받고 있는지 돌이켜 보십시오.
세상의 가치관을 버리고 성경의 가치관을 따르기 위해서 그대가 할 수 있는 일은 무엇입니까?

(2) 그대가 죄가 아닌 이상 무엇이라도 시도한다면 그것은 성공입니다. 결과의 어떠함을 떠나 그대는 삶에 충실했기 때문입니다.
실패가 두려워 시도하지 못하고 있는 일은 무엇입니까?
즉시 용기 내어 시작해야 할 일은 무엇입니까?

더 깊은 묵상을 위한 참고 성경 구절

롬 8:28

롬 11:12

롬 8:37~39

고후 2:14

Part 3
———

How?
어떻게 '즉시 신앙'할 것인가?

제1장 재밌게
제2장 힘 있게
제3장 다르게

제1장

재밌게

> 또 산에 오르사 자기가 원하는 자들을 부르시니 나아온지라 (막 3:13).

요즘 소소하게 재미있는 것 있어?

얼마 전 갑자기 아내가 물어 왔습니다.
"요즘 소소하게 재미있는 것 있어?"
요즘 제가 사는 게 참 재미없어 보였나 봅니다. 아내의 걱정을 덜어 주자는 마음에 긍정적으로 저를 돌아보았지만 마땅히 재미있는 것이 떠오르지 않았습니다. 그래서 별 수 없이 솔직하게 말했습니다.
"없는 것 같아. 그나마 당신이랑 애들 보는 재미?"
아이들 탓에 진지해질 수도 있던 부부 사이의 대화는 더 이상 진전되지 못했지만, 이 질문은 제 안에 계속 남았습니다.
그날 저녁에도, 다음날 아침에도 곰곰이 다시 생각해 보았지만 여전히 소소하게 즐거움을 느낄 만한 그 무엇도 떠오르지 않았습니다. 코

코로나19 전에는 그나마 소소하게 운동을 하고 사람들과 카페에서 대화도 하고 사역도 활동적으로 하면서 나름대로의 재미를 느꼈습니다. 그러나 코로나19로 활동적인 사역은 자제해야 하고, 사람들과의 만남도 가지면 안 되었습니다. 단체 운동도 못 하게 되고, 심지어 마트에 가는 것도 자제해야 하니 일상에서 즐거움을 발견하는 것이 정말 쉽지 않았습니다. 이 고민은 제게 꽤나 큰 고민으로 확장되었습니다.

'사역이 재미없어진다면 난 평생 이 일을 할 수 있을까?'

'이제 더 이상 코 뗀다고 억지로 따라가는 시대가 아닌데, 성도들은 교회가 재미없어지면 교회를 나오려고 할까?'

이동진 교수는 그의 저서 『생각의 차이가 일류를 만든다』(21세기북스, 2019)에서 인생의 두 기둥이 "재미"와 "의미"라고 했습니다. 저자는 의미 있는 일을 재미있게 하고, 재미에 의미를 더하는 균형 잡힌 삶을 사는 사람이 새로운 시대가 요구하는 인재상이라고 말합니다.

저자는 이 논리의 근거를 두 회사의 "재미 문화"를 통해 제시합니다. 구글의 사옥 명칭은 "플레이 스테이션"이라 부릅니다. 플레이 Play는 '놀다'라는 뜻입니다. 직원들이 놀면서(재미) 일(의미)을 할 수 있도록 기업 문화를 창출하고 있는 것이지요. 또한, 국내 유명 기업인 카카오게임즈에서는 사내 카페테리아에서 무료로 만화책과 맥주까지 즐길 수 있도록 구성해 놓았습니다.

책을 덮고 생각해 봤습니다.

이윤을 목적으로 하는 기업에서 왜 굳이 회사 안에 놀이터 문화를 조성해 주는 걸까요?

재미가 중요해졌기 때문입니다. 재미가 성과를 내는 데 있어 중요한 요소임을 눈치 빠른 기업들이 재빨리 파악한 겁니다. 재미 fun의 가치가 예전처럼 '뻔'하게 '재미'로만 끝나지 않고 '의미'로 이어지기에 기업들은 앞 다투어 'fun'한 문화를 제공해 주고 있습니다.

예수님이 제자들을 부르신 목적은 두 가지였습니다. 하나는 '자기와 함께 있게 하는 것'이었고, 또 하나는 '보내사 전도도 하게 하는 것'이었습니다.

> 이에 열둘을 세우셨으니 이는 자기와 함께 있게 하시고 또 보내사 전도도 하며(막 3:14).

"자기(예수님)와 함께 있게" 하신 것은 재미의 영역에 속한다고 볼 수 있습니다. 좋아하는 존재와 함께하는 것이 즐겁고 기쁜 일이기 때문입니다. "보내사 전도도 하며" 지내게 하신 것은 의미에 영역에 속합니다. 사역은 의미 있는 성과를 내는 것입니다.

그런데 교회 청소, 식당 봉사, 교사, 구역장, 심지어 목회 등의 '의미' 영역의 일들을 매우 재미없게 하는 경우를 종종 봅니다.

왜 이런 현상이 발생하는 걸까요?

예수님과 함께할 때 발생하는 재미가 결여되어 가기 때문입니다. 그러니 의미 있는 일이 점점 더 고행처럼 느껴지는 겁니다. 고행도 재미가 있다면 즐거움을 느낄 수 있습니다. 이동진 교수의 표현대로 "즐거운 고생"이라면, "힘든 즐거움"이라면 얼마든지 자원하게 됩니다. 그런데 의미 있는 일을 하면서 재미가 휘발되니 모든 일이 그때부터 회피하고 싶은 '노잼'이 되고 맙니다.

그러니 그대가 의미 있는 일을 편fun하게 하기 위해서는 반드시 예수님과 함께함으로 발생되는 재미를 맛보아야 합니다. 우리는 즉시 신앙해야 함을 앞에서 다루었습니다.

그러면 어떻게 즉시 신앙할 수 있을까요?

예수님과 함께함으로 발생하는 재미를 느껴야 합니다. 재미있으면 즉시 신앙은 자연스럽게 되기 마련입니다.

좋아하는 사람과 '함께' 있으면 '재미'있습니다

> 또 산에 오르사 자기가 원하는 자들을 부르시니 나아온지라 (막3:13).

예수님이 제자들을 부르신 기준은 "자기가 원하는 자들"이었습니다. 원한다는 것은 좋아하는 것입니다. 좋아하기에 원하고, 원하는 자들과 함께 있으니 재미가 생깁니다.

"산"은 예수님과 제자들만 함께 있는 곳으로 다른 사람들에게는 개방되지 않고 오직 열두 제자에게만 개방된 공간입니다. 예수님은 제자들이 좋았습니다. 그래서 마치 사랑하는 연인을 위해 극장을 대여하거나 레스토랑을 대여한 것처럼 오늘 예수님은 제자들을 특별한 공간으로 부르셨습니다.

앞서 언급했던 책인 『당신이 옳다』에서 저자는 우울증 판정을 받은 한 중학교 2학년 학생의 치유 이야기를 들려줍니다. 학교 상담교사에게서 아들의 우울증 소견을 들은 어머니는 충격을 받고 정신과 의사를 폭풍 검색해 찾아갔다고 합니다. 결과는 우울증이었고 부모의 오랜 갈등이 아이에게 큰 영향을 미쳤다는 진단을 받았습니다. 그런데 병원에 다녀온 아들이 약도 안 먹겠다, 병원도 다시는 안 가겠다고 해서 엄마의 마음이 조급해지기 시작했습니다. 그런데 희한하게도 아이가 점점 회복된 모습을 보여 주었다는 겁니다. 약도 안 먹고, 병원도 안 가는데 회복되니 이상할 수밖에요.

궁금해서 엄마가 아들에게 물었습니다.

"도대체 어떻게 된 거니?"

엄마와 손을 잡고 병원을 오고 간 그 시간이 너무 좋았다고, 병원 근처에서 엄마와 함께 먹었던 돈가스가 너무 맛있었다고, 의사의 얘기를 들으며 엄마의 눈에 눈물이 고이고 눈동자가 흔들리는 모습을 보고 아들은 '아! 우리 엄마가 나 때문에 힘들어 하는구나'라는 걸 느끼며 안심했다고 합니다.

자신이 엄마에게 아무런 존재가 아니었다는 느낌이 우울증의 뿌리였는데, 치료를 위해 함께 오갔던 시간들을 통해 자기가 엄마에게 매우 소중한 존재임을 확인받았더니 우울증이 사라졌다는 겁니다. 아들은 병원에 오가느라 엄마와 함께하는 시간이 부쩍 늘었습니다. 그런데 좋아하는 엄마와 함께하니 아들은 그 과정 속에서 즐거움을 경험했던 것이지요. 재미가 있으니 더 함께했고, 그 과정 속에서 아들은 자연적으로 회복되었던 겁니다.

저자가 이 이야기를 통해 강조하고자 했던 것은 "공감의 능력"입니다. 엄마에게서 공감받은 아이는 우울증을 이겨 내더라는 겁니다. 이 이야기를 저는 '함께'라는 관점으로 보고 싶습니다. 마치 우울증에 걸린 아들이 엄마와 함께 식사하고 엄마와 눈을 마주치며 소통했을 때 기쁨을 경험한 것처럼, 그대가 인생의 참 재미와 기쁨을 회복하려면 예수님과 제대로 교제하고 소통해야 합니다.

그대가 어떻게 즉시 신앙할 수 있나요?

예수님과 함께하는 만족감과 재미를 맛보아야 합니다. 평소에는 아침에 꾸물거리며 힘겹게 일어나는 아이가 놀이공원 가는 날에는 벌떡 일어나는 것처럼, 예수님과 함께하는 하루가 설레어 가뿐히 기상하고 예수님을 닮고 싶어 그분의 언행을 베끼듯이 따라하는 삶, 그분을 느끼고 그분의 생명과 능력을 체감하는 일상을 회복해야겠습니다. 예수님과 함께할 때의 기쁨을 느끼는 사람만이 즉시 신앙할 수 있습니다.

그대를 살리는 재미

이삭의 아내인 리브가는 성경에서 처음 등장할 때 명랑하고 밝은 모습으로 나옵니다. 아브라함의 종 엘리에셀이 이삭의 아내를 구하기 위해 아브라함의 고향 하란에 도착했을 때 그는 자신과 자신의 나귀에 물을 주는 여인이 있다면 그 사람이 하나님이 허락하신 이삭의 베필로 알고 발탁하겠다고 기도합니다.

낙타 한 마리가 15분 안에 약 113리터의 물을 마실 수 있다고 합니다.[1] 그런데 엘리에셀이 끌고 간 낙타는 열 마리입니다. 이 기준으로 보면 최소한 1,000리터의 물이 필요한 상황이었습니다. 정수기에 꽂아서 마시는 생수통이 20리터입니다. 제가 섬기는 교회 본당에도 20리터 생수통을 사용하는데 여자 분들은 무거워하셔서 가끔 제가 대신 꽂아 드리기도 합니다. 그런데 리브가는 1,000리터의 물을 양

---

1 [애니팩트] "낙타는 한 번에 엄청난 양의 물을 마신다", 한국일보, 2016.09.18.

동이로 계속 퍼서 날라다 준 겁니다. 이처럼 리브가는 밝고 씩씩하고 명랑한 아가씨의 모습으로 성경에 첫 등장합니다.

그런데 성경에 나타난 그녀의 마지막 등장은 너무나 다른 모습입니다.

> 리브가가 이삭에게 이르되 내가 헷 사람의 딸들을 인하여 나의 생명을 싫어하거늘 야곱이 만일 이 땅의 딸들 곧 그들과 같은 헷 사람의 딸들 중에서 아내를 취하면 나의 생명이 내게 무슨 재미가 있으리이까 (창 27:46).

리브가는 에서가 야곱을 죽이기로 결심한 것을 눈치 챕니다. 그래서 야곱의 결혼을 명분 삼아 그를 집에서 탈출시켜 하란으로 보내려 하는 것입니다. 성경의 첫 등장에서 활기차고 기뻐하는 모습이었던 리브가는 마지막 등장에서 "내게 무슨 재미가 있으리이까"라는 대사와 함께 사라집니다. 성경은 하나님과의 교제를 상실하고 욕망을 이루기 위해 거짓을 말하고 둘째 아들 야곱을 편애했던 그녀의 마지막 모습을 인생의 희열과 즐거움을 빼앗긴 모습으로 담고 있는 겁니다.

리브가는 하나님과 함께하는 재미가 아니라 다른 재미에 붙들려 있었습니다. 그 결과 그녀의 삶은 '노잼'이었습니다. 둘째 아들을 성공시키겠다는 욕망을 추구하면 인생이 재미가 있을 줄 알았지만 신앙에서 멀어져 하나님과 함께하지 못한 그녀의 삶에서 모든 재미는 휘발되고 말았습니다. 그대가 리브가처럼 다른 재미에 빠져 있다면 그대의 삶은 한숨으로 끝날 수밖에 없습니다.

그대는 무엇에 재미를 느끼고 있습니까?

스위스 정신과 의사인 폴 투르니에 Paul Tournier는 하나님이 어떤 분이신지를 잊을 때 우리에게 나타나는 모습은 "분주함"이라고 말했습니다.[2]

오늘날 성도들을 매우 바쁩니다. 아니, 의도적으로 바쁘고자 합니다. 예수님은 하나님과의 관계를 위해 일부러 바쁜 사역 속에서도 한가한 곳을 찾아 다니셨습니다. 하나님과 함께하는 즐거움과 그 본질을 잊지 않으셨기 때문입니다. 그런데 현대의 성도들은 일부러 한가한 곳을 빠져 나와 바쁜 현장으로 들어갑니다. 교제의 단절로 인해 하나님이 어떤 분인지를 잊어버리니 영적 기쁨을 상실했고 그 상실감과 공허함을 메꾸기 위해 일부러 자신을 더 분주하게 만듭니다.

유명한 게임 개발자인 라프 코스터 Raph Koster는 재미를 창조해야 하는 크리에이터들에게 영감을 주고자 재미의 근원을 추적하며 재미에 대한 통찰을 말한 『라프 코스터의 재미 이론』(길벗, 2017)이란 책을 펴냈습니다. 그는 책의 한 대목에서 재미가 결여되는 원리를 설명합니다.

> 게임을 재미있게 하는 것은 퍼즐을 푸는 행위 그 자체이다. 재미의 반대 개념은 '지루함'이다. 게임에서 더 이상 배울 것이 없을 때, 우리는 지루함을 느낀다. 지루함은 두뇌가 새로운 정보를 원한다는 신호이며, 흡수할 새로운 패턴이 없을 때 느끼게 되는 감정이다.

---

2   노승수, 『핵심감정 치유』(서울: 세움북스, 2018), 210.

코스터는 재미가 없어지는 원인을 새로운 정보를 흡수하는 새로운 패턴이 없어지는 것으로 지적했습니다. 그가 주장한 재미의 근원은 학습과 깊은 관련을 맺습니다. 새로운 것을 경험하고 배울 수 있는 학습의 대상이 사라질 때 두뇌는 지루함을 느끼게 됩니다. 지루함은 배우고 싶다는 욕구를 알리는 신호입니다. 그러니 재미를 회복하려면 새로움을 경험하고 배울 수 있도록 두뇌를 노출시켜야 한다는 겁니다.

이 원리는 우리 신앙에도 시사하는 바가 있습니다. 하나님과 함께할 때 재미를 느끼지 못하고 지루해지는 것은 새 정보를 가지지 못할 때 인식되는 감정입니다. 하나님이 너무 식상해졌고 너무 뻔한 분이 되어 버린 겁니다. 이 같은 현상이 발생하게 된 이유 중의 하나는 하나님과 하나님의 일하심을 성경의 글자에 가두었기 때문입니다.

하나님을 삶의 현장에서는 만나지 못하고 교리로만 배우거나, 하나님에 대해 아는 것은 설교나 간증을 통해 들은 타인의 하나님에 대한 정보가 전부이기 때문입니다. 이런 사람에게 하나님은 박제와 같이 화석화된, 성경의 글자에 갇힌 분으로 여겨져서 늘 식상하고 새로움이 전혀 없는 따분한 하나님으로만 인식되는 겁니다.

"나의 하나님"이란 고백은 성경 곳곳에서 등장합니다. 위대한 신앙의 선조들은 타인에게 들은 하나님, 타인의 삶에서만 역사하시는 하나님이 아니라 자신의 삶에서 일하시는 하나님을 경험했습니다. 그래서 그들의 신앙은 화석화되지 않고 역동적으로 관계하며 그 가운데서 발생하는 기쁨과 재미를 누리는 삶이 되었습니다.

저의 첫 사역지는 7년 된 개척교회였습니다. 그 교회는 독서실로 운영되던 낙후된 건물의 2,3층을 임대해 사용했습니다. 주일예배에

장년은 20-30명 모였지요. 전도사로 2년 동안 목사님을 섬기며 동역했는데 제가 사례비를 받는 것이 죄송스러울만큼 교회 형편이 어려웠습니다. 2층이 예배실, 3층은 식당이었는데 목사님 사택은 식당 한쪽에 나무로 임시 가림막을 세워 마련했습니다. 목사님은 그곳에서 당시 고3, 중3의 자녀들을 키우며 사모님과 함께 사역하셨습니다.

가장 안타까운 기억은 성도들이 교회를 떠날 때입니다. 청년도 거의 없는 상태에서 열심히 섬기던 청년 두 자매가 어느 날 교회를 떠난다고 했습니다. 제가 속상했던 건 목사님이 두 자매를 붙잡지 못했던 겁니다. 붙잡았을 때 그들이 감당해야 할 현실적 어려움이 있기에 미안해서 잡지 못하셨습니다. 워낙 내색을 안 하시는 분이었지만 어린 전도사였던 제 눈에도 목사님의 슬픔이 보였습니다.

그렇게 척박한 환경 속에서도 목사님이 목회를 이어 나가실 수 있었던 동력은 바로 '5분 기억법'이었습니다. 목사님은 일상에서 예수님을 잊지 않기 위해 5분마다 예수님을 기억해야 함을 늘 강조하셨습니다. 일하는 중에도, 식사 중에도, 대화 중에도 늘 5분마다 예수님을 기억하려고 끊임없이 자신을 훈련했습니다. 예수님을 5분마다 떠올리며 묵상했습니다. 그 묵상을 통해 목사님은 늘 삶에서 새롭게 다가오시는 예수님을 경험하셨습니다.

이처럼 삶 속에서 예수님을 새롭게 경험할 수 있는 재미와 기쁨으로 인해 개척교회의 척박한 현실 속에서도 목사님은 지속적으로 목회를 이어 가실 수 있었습니다.

그대는 어떻게 즉시 신앙할 수 있습니까?

그대의 삶에 찾아오신 하나님을 기뻐하고 즐거워하며 만끽하는 것이 그 비결입니다.

즉시 삶으로 *Now Faith*

(1) 그대는 신앙에 '재미'를 느끼고 있습니까?
혹시 교회에서의 왕성한 활동과 봉사의 동기가 하나님과의 관계의 단절에서 나온 허망함을 메꾸기 위함은 아닌가요?
그렇다면 그대는 어떻게 행동해야 할까요?

(2) 예수님과 제자들의 데이트 장소는 '산'이었습니다. 이곳은 예수님과 제자들의 교제만을 위한 구별된 장소였습니다. 구별된 장소에서의 관계는 다른 모든 관계들 속에서 구별되었습니다. 특별한 관계는 그냥 형성되지 않습니다. 피차간의 특별한 노력이 필요합니다. 그대는 예수님과 교제할 장소와 시간을 따로 구별해 확보하고 있습니까?

더 깊은 묵상을 위한 참고 성경 구절

요 17:3
요 17:21
고전 1:9
요일 1:3

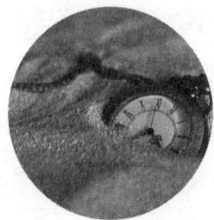

제2장

힘 있게

> 곧 그 아이의 아버지가 소리를 질러 이르되 내가 믿나이다 나의 믿음 없는 것을 도와 주소서 하더라(막 9:24).

무력감을 낳는 불훅스 bullhooks

언젠가 코끼리 사육에 대한 관련 기사를 찾아보는데 학대 받다시피 사육을 받는 모습에 매우 안타까웠습니다. 인도네시아에 가면 코끼리가 밀림에서 큰 나무들을 옮기는 일을 합니다. 그런데 코끼리는 자기 등에 사람이 타거나 물건을 올려두는 일을 싫어합니다. 이 거부감은 본능적이어서 새끼 코끼리 때부터 자연스럽게 표현됩니다.

이 때 코끼리를 길들이는 방법이 있는데, 뾰족한 갈고리인 불훅스 bullhooks를 사용하는 겁니다. 이것을 가지고, 코끼리의 귀 사이에 가장 부드러운 곳을 갈고리로 내려 찍습니다. 코끼리는 고통에 몸부림치고 그 부위에서는 피가 줄줄 흘러내립니다. 이 행동을 새끼 코끼리에게 반복적으로 시키면 작은 아이가 불훅스를 들고 있는 모습만 봐도 그 아이의 말에 얌전하게 따르게 됩니다. 코끼리가 커서 덩치가 커지면 주인도 통제하기 어려울 거라고 예상하지만 주인이 손에 불훅스만 잡아도 큰 덩치에 맞지 않게 쩔쩔매며 주인의 지시에 따르는 모습을 보입니다.

코끼리의 이 모습은 '학습된 무력감'Learned helplessness이 낳은 모습입니다. 무력감이 학습된 코끼리는 불훅스만 봐도 야생 짐승의 본능이 꺾이고 금세 무력해집니다.

그런데 이 모습은 우리에게 익숙한 모습 아닌가요?

바로 제 모습이자 그대의 모습입니다.

우리는 타인이 보기에 별 것도 아닌 일에 벌벌 떱니다. 사람, 관계, 권력, 스트레스라는 불훅스가 등장하면 순간 무력감을 느낍니다. 그 결과 아무것도 시도하지 못하게 됩니다. '3포 현상', '5포 현상', '전포 현상'은 학습된 무력감이라는 심리적 병이 양산한 사회적 질병입니다. 시도해도 어차피 되지 않을 거라는 예측은 슬프게도 항상 현실에서 들어맞고, 그렇게 누적된 무력감은 그대의 인생을 스스로 포기하게 만들고 있습니다.

요즘 일상에서 무력감을 호소하는 신앙인들이 늘어나는 추세입니다. 거친 현실 속에서 하나님 나라의 능력으로 이겨 보겠다고 다짐하고 또 다짐하지만 돌아오는 결과는 패배의 씁쓸함인 경우가 많습니다. 아무리 용을 써도 믿음으로는 이 현실을 이겨 내기 힘들다고 결론 내립니다. 그 결과 더 이상 믿음으로 살아가는 것을 포기하고 신앙이 말과 관념으로만 존재하는 '껍데기 신앙'으로 축소됩니다.

우리가 즉시 신앙하기 위해서는 이 무력감을 이겨 내야 합니다. 이것을 극복하지 않고서는 절대로 즉시 신앙으로 나아가지 못합니다.

현실이라는 불혹스를 넘어 본 사람만이 신앙의 위력을 경험합니다.

본문에 보면 한 아버지가 귀신 들린 아들을 데리고 예수님께 나와 치료를 요청합니다. 성경에 기록된 상황을 구체적으로 살펴보면, 이 아버지는 매우 무력한 상황에 처해 있음을 발견할 수 있습니다.

첫째, 아들이 귀신의 강력한 압제 속에 있습니다.

> 이에 데리고 오니 귀신이 예수를 보고 곧 그 아이로 심히 경련을 일으키게 하는지라 그가 땅에 엎드러져 구르며 거품을 흘리더라(막 9:20).

예수님 앞에 선 귀신은 그 아이로 심한 경련을 하게 만듭니다. 저명한 성경 주석가인 매튜 헨리 Matthew Henry는 그의 저서『매튜 헨리 주석: 마가복음, 누가복음』에서 이 모습은 귀신이 예수님을 만나고도 그 아이 안에서 나가지 않겠다는 격렬한 저항의 표시로 해석했습니다. 보통 성경에서 귀신이 예수님을 만나면 바로 항복하거나 두려워하는 모습을 보입니다. 그런데 이 귀신은 격렬히 저항합니다. 그만큼 이 아이는 귀신의 강력한 압제 속에 놓여 있는 상황입니다.

둘째, 아들은 장기간 동안 귀신의 압제 속에 있습니다.

> 예수께서 그 아버지에게 물으시되 언제부터 이렇게 되었느냐 하시니 이르되 어릴 때부터니이다(막 9:21).

아이는 어릴 때부터 귀신의 압제 속에서 지내 왔습니다. 젊은이 사역으로 유명하신 고직한 선교사님에게는 두 아들이 있습니다. 두 형제에 관한 영상이 얼마 전에 공개되었습니다. 두 아들은 조울증으로 많은 시간을 고통 속에 살았습니다. 영상 중에 고직한 선교사님이 첫째 아들을 정신병원에 처음 입원시킬 때를 회상하면서 이렇게 말씀하셨습니다.

"아이는 끌려 들어가고 철창이 '탁'하는 소리와 함께 닫히고 아이를 진정시키기 위해서 억압하는 소리가 들려올 때 제가 무너졌죠."

어릴 때부터 두 자녀의 아픔을 본 선교사님의 심정이 얼마나 아팠을까요. 귀신 들린 아버지의 심정이 이와 같았을 겁니다. 아들이 어릴 때부터 귀신의 압제 가운데 있으니 아버지로서 얼마나 평생을 애태우며 슬픔 속에 살았겠습니까. 그런 과정을 거치며 아버지는 아마 자신도 모르는 사이에 무력감에 학습되었을 겁니다.

셋째, 제자들은 귀신 축출에 실패했습니다.

아버지는 제자들에게 아들을 데리고 갔으나 그들은 귀신을 내쫓지 못했습니다(막 9:18). 아버지는 오랫동안 귀신에게 강력한 압제를 받았기에 아들의 치유를 위해 많은 노력을 기울였을 겁니다. 그러나 번번이 실패했고 치료에 대한 의지가 많이 꺾였을 겁니다. 그러던 찰나 그 당시 많은 치유와 이적을 일으킨다는 소문의 주인공인 예수님의 제자들에게 찾아갑니다. 무력감 속에서도 반신반의하며 찾아갔겠지요. 그러나 결국 또 실패했습니다. 그래서 아버지는 더 깊은 무력감 속에 들어갔을지도 모릅니다.

제자들의 실패 후 아버지는 예수님께 찾아갑니다. 스승이니 제자들보다 조금은 나을 수 있겠다는 일말의 기대를 가지고 찾아갔을 겁니다. 그리고 예수님께 말합니다.

그러나 무엇을 하실 수 있거든 우리를 불쌍히 여기사 도와 주옵소서 (막 9:22b).

"무엇을 하실 수 있거든"을 NIV 영어 성경은 "But if you can do anything"으로 번역했습니다. 이 아버지는 반신반의하며 '만일'If 할 수 있으시다면 도와 주시라고 예수님께 말합니다. 이것은 믿음이 아닙니다. 예수님을 향한 신뢰에 '만일'이 들어갈 자리는 없습니다. 참된 믿음은 "하실 수 있다면"이 아니라 "하실 수 있습니다"라고 고백합니다.

이에 예수님은 아버지에게 말씀하십니다.

예수께서 이르시되 할 수 있거든이 무슨 말이냐 믿는 자에게는 능히 하지 못할 일이 없느니라 하시니(막 9:23).

여기서 예수님이 강조한 핵심은 '믿는 자'입니다. 믿는 자에게는 능히 하지 못할 일이 없습니다. 믿는 자는 무력감을 뛰어 넘기에 모든 일을 시도할 수 있습니다. 어떠한 불훅스가 인생에 찾아온다 해도 진정한 믿음만 있다면 그대는 무력감을 이겨 내고 성취하는 삶을 경험하게 될 겁니다.

닐 앤더슨Neil T. Anderson의 저서 『내가 누구인지 이제 알았습니다』 (죠이선교회, 2008)에 보면 윌마 루돌프Wilma Rudolph의 드라마 같은 인생 스토리가 나옵니다. 미국 슬럼가에서 스물두 번째 형제 중 스무 번째로 태어난 그녀는 체중이 2킬로그램도 안 되는 미숙아로 태어나 잦은 병치레와 합병증으로 소아마비에 걸려 서지도 못했습니다.

엄마와 형제들의 정성스런 돌봄과 배려로 그녀는 12세에 혼자서 걸을 수 있게 되었습니다. 학교 농구부에 들어가 주전 선수로 활약하며 팀을 테네시주에서 열린 농구 대회에서 우승시켰습니다. 이 후 그녀는 육상선수로 변신한 뒤 1960년 로마올림픽에 출전해 100미터 세계 신기록, 200미터, 400미터 계주에서 금메달을 따 3관왕이 되었습니다. 이런 기적이 일어난 데에는 그녀와 그녀의 부모의 믿음이 있었습니다.

> 부모는 이 아이의 물리치료를 위해 정기적으로 의사를 찾아갔다. 그러나 거의 희망이 없었다.
> "나는 다른 아이들처럼 뛰어놀 수 없는 건가요?"
> 아이는 부모에게 물었다.
> "애야, 하나님을 믿으렴. 하나님을 믿으면, 하나님이 고쳐주실 거야."
> 부모가 말했다.
> 아이는 부모의 말을 가슴에 새겼고, 하나님이 자기가 목발을 짚지 않고도 걸을 수 있게 하실 것이라고 믿었다.

윌마는 소아마비라는 불혹스를 이겨 내고 앞으로 나아간 것처럼 소년의 아버지도 이제 믿음으로 무력감을 이겨 내고 나아갔습니다.

> 곧 그 아이의 아버지가 소리를 질러 이르되 내가 믿나이다 나의 믿음 없는 것을 도와 주소서 하더라(막 9:24).

여기서 주목할 것은 아버지가 예수님을 부를 때 호칭의 변화입니다. 아버지는 처음에는 예수님을 "선생님"(막 9:17), 헬라어로 '디다스칼로스'^{διδάσκαλος}라고 호칭한 반면, 믿음으로 나아갔을 때는 "주"(24절), 헬라어로 '퀴리에'^{κύριε}로 부릅니다. 이런 호칭의 변화를 통해 아버지의 내면에서의 변화를 감지할 수 있습니다. 그리고 이 변화는 아들의 치유로 이어집니다.

지난 한 세월, 아들이 귀신에게 사로잡혀 있는 동안 아버지는 어쩌면 귀신의 압제보다 더 강력한 무력감의 압제에 시달렸을지도 모릅니다. 그러나 믿음을 사용했을 때 그 앞에 서 있는 예수님은 한낱 '선생님'이 아니라 생명을 좌우할 '주'로 인식된 겁니다. 내면에 드리운 무력감의 그림자를 벗어나자 그는 '주여'라는 믿음의 고백을 토해냈습니다.

예수님을 주인으로 고백하고 즉시 신앙하는 자는 더 이상 무력감에 시달리지 않습니다. 그대가 믿고 고백하는 '주'는 무력한 분이 아니시기 때문입니다.

즉시 삶으로 *Now Faith*

(1) 현대의 많은 그리스도인이 무력감에 빠져 있습니다. 무력감은 변화를 향한 일말의 기대감조차 갖지 못하도록 성도들의 일상을 짓누릅니다. 이런 우리를 향해 예수님은 이렇게 말씀하십니다.

> 할 수 있거든이 무슨 말이냐 믿는 자에게는 능히 하지 못할 일이 없느니라 (막 9:23).

내 삶 속에서 변화를 갈망하지만 기대조차 하지 못하고 있는 것은 무엇인가요?

(2) 아버지는 믿음을 가졌을 때 예수님의 호칭을 "선생님"에서 "주님"으로 바꿨습니다. 하나님에 대한 인식과 이해가 새롭게 될 때 우리는 하나님을 전적으로 신뢰할 수 있습니다. 믿음을 갖지 못하고 무력감에 빠진 이유는 하나님에 대한 잘못된 인식과 몰이해가 그 원인일 수 있습니다.

그대는 성경에 기록된 대로 하나님을 인식하고 이해하고 있습니까?

더 깊은 묵상을 위한 참고 성경 구절

마 17:20
왕상 19:1-8
요 5:1-8

제3장

다르게

> 이에 예수께서 이르시되 가이사의 것은 가이사에게, 하나님의 것은 하나님께 바치라 하시니 그들이 예수께 대해 매우 놀랍게 여기더라(막 12:17).

정영재 작가의 『1톤의 생각보다 1그램의 행동이 필요하다』(팬덤북스, 2013)에서 저자는 자신의 일에서 위대한 성취를 이룬 사람의 비결을 다음과 같이 말합니다.

일에 대해 불만을 가진 사람들의 특징은 본인의 삶을 이분법적으로 보고 있는 것이다. 월급을 타기 위해 일하는 시간과 그 외에 즐기는 시간 등 두 가지로 구성된 '시간 프레임'을 가지고 있을 확률이 높다. 위대한 성취를 한 사람들은 일과 놀이라는 이분법을 완전히 초월한다. 우리들은 일이 아닌 소명을 찾아야 한다. 소명은 위대한 목적, 사명 mission이라고 부를 수 있다.

저자가 언급한 대로 일과 일상이 분리된 이분법적 사고를 지닌 사람은 일을 사명mission이 아닌 일work로 봅니다. 일 따로, 일상 따로 구분하는 것이지요.

일을 일work로 보는 시각은 일과 일상을 구분하며 일은 일상의 자유를 강탈하는 것이라고 여깁니다. 그 결과 자연스럽게 일의 성과는 떨어지기 마련입니다.

반면에 일을 사명mission으로 보는 시각은 일과 일상을 구분하지 않습니다. 일도 일상도 사명을 이루기 위한 전체 중 한 부분으로 봅니다. 그래서 일을 할 때 자신의 자유가 빼앗겼다는 생각을 하지 않고 언제 어디서나 일을 즐길 수 있습니다. 그 결과 일의 성과도 자연스럽게 늘게 됩니다.

이 책이 주는 메시지는 이분법적 사고의 폐해입니다. 이분법적 사고는 성과를 저해할 뿐만 아니라 더 나아가 삶의 분열을 초래합니다. 건강한 삶을 위해서 이 사고는 반드시 극복되어야 합니다.

신앙의 성장을 저해하는 요소 중 하나도 역시 이분법적 사고입니다. 이스라엘 백성들은 성전에서의 모습과 일상의 모습이 크게 달랐습니다. 성전 안에서는 신앙인의 모습으로 있었으나 성전을 나서는 순간 이내 세상 사람들처럼 살았습니다. 이스라엘은 이 이분법적 사고 때문에 신앙의 성취는커녕 오히려 책망을 받는 결과를 초래합니다.

본문에서 예수님은 이분법적 사고를 극복한 신앙이 어떤 모습인지 말씀하십니다.

> 그들이 예수의 말씀을 책잡으려 하여 바리새인과 헤롯당 중에서 사람을 보내매(막 12:13).

본문에서 종교 지도자들이 예수님의 말씀을 책잡기 위해 바리새인과 헤롯당 중에서 사람을 보냅니다. 바리새인은 반(反) 로마 성향을 가졌고, 헤롯당은 친(親) 로마 입장에 섰던 집단으로서 세금 문제에서도 첨예한 대립을 보였습니다. 바리새인은 반대했고 헤롯당은 찬성했던 겁니다. 이들을 보내 예수님께 묻게 한 것은 가이사에게 세금을 바치는 문제였습니다.

당시 로마가 식민 지배를 하는 이유 중 하나는 주민세 poll-tax 징수였습니다.[1] 시간이 흘러 주후 6년에는 이 세금 문제로 로마를 향한 폭력적 봉기[2]가 일어날 정도로 이 문제는 이스라엘 사람들에게 꽤나 민감한 문제였습니다.

그러니 예수님은 어느 쪽을 선택해도 곤란해지셨을 겁니다. 만약 세금 바치는 것이 옳다고 하면 예수님은 로마를 지지하는 것이 되어 유대인들에게 민족의 배신자라는 소릴 들어야 했습니다. 반면에 세금을 반대하셨다면 예수님은 로마 황제를 반역하는 자가 되기 때문에 정치적 위험에 빠질 수 있었습니다. 그러니 어떤 것을 선택해도 예수님은 한쪽을 잃을 수밖에 없는 상황이었던 겁니다.

"책잡다"라고 번역된 헬라어 '아그레우소신' ἀγρεύσωσιν은 동물을 사냥할 때 쓰던 단어입니다. 그러니 종교 지도자들은 예수님을 코너로 몰며 조금씩 목줄을 조여 가고자 했던 것이지요.

이에 예수님은 이렇게 답하셨습니다.

---

1 손봉호, "가이사의 것과 하나님의 것", 기독교윤리실천운동, 2019.09.18.
2 손봉호, "가이사의 것과 하나님의 것."

가이사의 것은 가이사에게, 하나님의 것은 하나님께 바치라 (막 12:17a).

그러자 종교 지도자들은 예수님의 답변을 매우 놀랍게 여겼습니다.

예수님의 답변이 어떠하기에 사냥꾼들이 다 잡은 짐승에게 오히려 백기를 들며 항복했던 걸까요?

예수님은 답변을 통해 두 가지 메시지를 주셨는데, 첫째는 규정을 지킬 것을, 둘째는 헌신을 말씀하셨습니다.

첫째, 가이사에게 세금을 바치라는 말씀은 모든 백성이 사회의 시민으로서 지켜야 할 할 규정을 뜻했습니다.

종교 지도자들이 예수님께 질문했습니다.

가이사에게 세금을 바치는 것이 옳으니이까 옳지 아니하니이까 (막 12:14c).

여기서 "바치다"로 번역한 헬라어 '두나이' δοῦναι는 '주다'라는 뜻입니다. 즉 가이사에게 '바치는 것'을 '주는 것'이라고 표현합니다. 그러나 예수님은 종교 지도자들과는 달리 '갚다'라는 뜻의 헬라어 '아포도테' ἀπόδοτε라는 단어를 사용해 말씀하십니다.

이런 차이는 소유권의 주체를 다르게 이해했기 때문에 발생했습니다. '주는 것'은 소유권이 자신에게 있음을 의미하고, '갚는 것'은 소유권이 상대방에 있는 것이니 돌려줄 것을 가리킵니다. 즉, 예수님은 가이사에게 세금을 바치는 것을 돌려주는 것이라고 답하심으로써 소유권이 가이사에게 있음을 말씀하신 겁니다.

하나님은 위정자에게 권한을 위임하시고 그들에게 백성을 다스릴 주권 또한 위임하셨습니다. 그러므로 이스라엘 백성들이 내야 하는 세금의 소유권은 가이사에게 있었습니다. 그러니 백성이 정부에게 세금을 내는 것은 하나님의 관점에서 보면 매우 당연한 일입니다.

이스라엘이 비록 로마의 속국이 되었어도 그것은 참새 한 마리의 생사도 주관하시는 하나님의 섭리 가운데 일어난 일입니다. 그러니 인간적으로는 억울할 수 있어도 하나님의 뜻에 합당한 일이었습니다.

고신대 석좌교수 손봉호 박사는 이렇게 말했습니다.

> 국가가 우상 숭배를 강요하는 등의 아주 특별한 경우를 제외하고는, 국가의 권위를 무시하고 법을 어기면서 항거해서는 안 될 것이다.[3]

백성들이 세금을 낸다고 해서 하나님을 배신하는 것이 아니라 오히려 하나님이 세우신 통치자에게 순응함으로 결과적으로 하나님의 주권과 섭리를 인정하는 겁니다. 백성들이 세금을 내는 것은 규정을 지키는 일입니다. 로마 황제를 신격화하는 것이 아니라 하나님의 대리 통치자들을 존중하는 사회 시민으로서 규정을 지키는 것이었습니다.

둘째, 하나님께 바치라는 것의 의미는 규정 이상의 헌신을 요청하는 겁니다.

'가이사에게 세금을 바치는 것'은 한 나라에 속한 '시민'이 지켜야 할 규정이었습니다. 반면에 '하나님께 바치는 것'은 하나님 나라에

---

[3] 손봉호, "가이사의 것과 하나님의 것."

속한 '하나님의 백성'이 지켜야 할 헌신을 의미합니다. 헌신은 규정 이상의 것입니다. 규정은 보이는 질서를 지키는 것이기에 형식적인 일이지만, 헌신은 보이지 않는 분을 섬기는 것이기에 형식을 뛰어넘는 일입니다. 규정을 지키는 일은 전체 중의 일부분을 드리는 것이지만 헌신은 내 전체를 드리는 겁니다.

가이사는 동전에 얼굴이 새겨지는 존재입니다. 그 역시도 유한한 몸을 지닌 인간이기에 그의 몸은 얼마든지 형상으로 시각화시킬 수 있었습니다. 그래서 가이사의 모습을 그린 형상이 데나리온 동전에 들어간 겁니다. 데나리온의 앞면에는 "신 아우구스투스의 아들 티베리우스 카이사르"라고 기록되었고, 뒷면에는 "폰티펙스 막시무스'(대제사장)라는 글귀가 적혀 있었습니다.[4]

이렇게 데나리온에는 가이사를 찬양하는 글귀로 도배되어 있었지만 실상 그는 육체를 지니고 있기에 시간과 공간의 제약을 받는 유한한 존재였을 뿐입니다.

반면에 하나님은 동전 안에 담을 수 없습니다. 그분의 영광과 능력이 너무 커 도저히 형상 안에 그분을 그려 넣을 수가 없는 겁니다. 실제로 종교개혁 시기에 천주교의 성화聖畵를 금지한 이유도 이와 궤를 같이 합니다. 종교개혁가 츠빙글리는 성화를 통해서는 온전한 신앙교육이 되지 않는다는 이유로 금지했고,[5] 성상파괴자들은 그림은 그리스도의 신성을 제대로 그릴 수 없고 불완전한 인성만을 그리게 된

---

[4] R.T 프랑스, 『NIGTC 마가복음』, 이종만 외 2명 역 (서울: 새물결플러스, 2017), 751.

[5] 노충헌, "[기획/ 개혁교회 종교개혁 500주년] ⑤ 츠빙글리의 예술이해 (인터뷰-이은선 교수)", 기독신문, 2019.08.05..

다는 이유로 성상파괴를 주장했습니다.[6] 성화를 금지하거나 파괴하자는 주장은 성화에 하나님을 담으려는 시도가 자칫 하나님의 영광을 축소해 표현할 것을 종교개혁가들이 염려했기 때문인 것으로 판단됩니다.

이렇듯 가이사와 하나님은 비교할 수 없는 존재적 차이가 있습니다. 동전에 새겨질 정도로 유한한 가이사에게는 규정을 지키는 정도로 섬기면 되지만, 그림에 담길 수 없는 무한한 하나님께는 규정 이상의 헌신으로 그분을 섬겨야 합니다. 이것이 바로 예수님이 답하신 "가이사의 것은 가이사에게, 하나님의 것은 하나님에게"라는 말씀의 뜻이었습니다.

우리가 규정 이상의 헌신을 하지 못하는 이유는 삶이 이원론적으로 분열되어 있다는 증거입니다. 신앙 따로, 일상 따로인 이분법적 사고 때문에 전적 헌신이 제대로 되지 않고 있습니다. 교회를 출입하고 정해진 예배에 참석하며 많은 봉사를 하는 등의 종교적 규정을 잘 지킨다고 해서 그것이 헌신을 의미하지 않습니다.

헌신은 종교와 삶이 통합되어 규정을 뛰어넘는 자원함으로 표현됩니다. 종교적 공간과 삶의 공간이 따로 배치되어 있지 않고 어디서나 하나님을 경외하는 것이 헌신입니다. 하나님이 성전만 주관하시는 것이 아니라 내 일상의 모든 삶을 모두 주관하시고 난 그분께 속했다는 믿음이 있을 때 헌신은 가능합니다.

---

6   "성상(조형물)", 나무위키, 최근 수정: 2020.07.24.

2차 세계대전 때 많은 도시가 파괴되었고, 그 여파로 어느 성당 마당에 세워져 있던 예수님 동상의 두 손이 떨어져 나갔습니다. 사람들이 동상을 복구하면서 일부러 두 손은 그냥 두었다고 합니다. 대신 예수님 동상 앞에 "예수님은 당신의 손을 필요로 하십니다"라는 푯말을 세웠다고 합니다.[7]

손은 한 사람의 권한을 상징합니다. 그래서 "내 손아귀에 들어왔다"라는 말도 있습니다. 신앙은 나의 권한을 예수님께 드리는 겁니다. 내 인생의 주권을 하나님께로 이동시키는 겁니다. 나의 손을 내 뜻과 고집대로 쓰지 않고 머리이신 주님이 지시하시는 대로 움직이는 삶, 그것이 바로 규정을 넘는 헌신이요 신앙인 겁니다.

섬기던 교회에서 언젠가 한 집사님이 교통사고를 당하셨습니다. 가해 차량이 집사님 차량의 후미를 들이 받은 사고였습니다. 볼 것도 없이 상대 운전자의 전적인 과실로 판명되었습니다. 상대 운전자가 합의를 보자고 해서 만났는데 이 집사님이 합의금 안 받는 대신 자신의 소원 하나 들어주면 합의 보겠다고 하시면서 소원을 말씀하셨습니다.

"선생님, 제가 합의금을 안 받을 테니 꼭 가까운 교회 나가셔서 예수님 믿으세요!"

집사님의 소원은 상대 운전자가 예수님을 믿는 것이었습니다. 이 집사님은 지금 규정 이상의 헌신을 한 겁니다. 집사님의 이런 헌신이 가능했던 배경에는 소속에 대한 명확한 확신이 있었습니다. 집사님은 늘 입버릇처럼 하는 말씀이 "하나님이 함께하셔"였습니다. 영문

---

[7] 이재철, 『성숙자반』 (서울: 홍성사, 2007). 391.

을 모르면 이상하게 보일 수 있을 정도로 늘 입버릇처럼 하나님이 함께하신다고 고백하고 선포했습니다. 모든 일에 하나님이 함께하신다는 철저한 믿음은 자신이 하나님께 속한 사람임을 의식하게 했고, 이것은 이런 아름다운 헌신으로 열매 맺었습니다.

그대는 어디에 소속되어 있나요?

하나님께 속한 자는 세상과 구별되는 다른 방식으로, 상식 이상으로 상상 이상으로 신앙하며 살아갑니다.

즉시 삶으로 *Now Faith*

(1) 하나님을 섬기는 것은 정해진 규칙을 지키는 것, 그 이상의 헌신을 의미합니다. 그러므로 신앙은 특정한 장소와 시간에 구애 받지 않고 일상에서 나를 드리는 헌신의 행위로 드러납니다.
그대의 신앙은 봉사, 헌금, 참여 등의 종교적 규정을 지키는 것에 머물러 있지는 않나요?

(2) 헌신을 주저하는 원인은 하나님에 대한 이해 결핍입니다. 하나님은 그 어떤 글로도 그림으로도 표현하지 못할 만큼 광대하신 분입니다. 하나님에 대한 존재론적 이해가 더해져야 더 깊은 헌신이 가능해 집니다.
하나님에 대한 이해를 높이기 위해서 그대가 즉시 시도해야 할 일은 무엇인가요?

더 깊은 묵상을 위한 참고 성경 구절

느 11:2
시 110:3
마 26:6-13